सोबती-वैद संवाद

लेखन और लेखक

राजकमल प्रकाशन
नयी दिल्ली पटना इलाहाबाद कोलकाता

सोबती-वैद संवाद

लेखन और लेखक

कृष्णा सोबती : कृष्ण बलदेव वैद

ISBN : 978-81-267-1300-4

मूल्य : ₹ 450

पहला संस्करण : 2007
दूसरा संस्करण : 2015

प्रकाशक : राजकमल प्रकाशन प्रा. लि.
1-बी, नेताजी सुभाष मार्ग, दरियागंज
नई दिल्ली-110 002

शाखाएँ : अशोक राजपथ, साइंस कॉलेज के सामने, पटना-800 006
पहली मंजिल, दरबारी बिल्डिंग, महात्मा गांधी मार्ग, इलाहाबाद-211 001
36 ए, शेक्सपियर सरणी, कोलकाता-700 017

वेबसाइट : www.rajkamalprakashan.com
ई-मेल : info@rajkamalprakashan.com

आवरण एवं साज-सज्जा : नरेन्द्र श्रीवास्तव

मुद्रक : बी.के. ऑफसेट
नवीन शाहदरा, दिल्ली-110 032

SOBTI-VAID SAMVAD : LEKHAN AUR LEKHAK
A dialouge between Krishna Sobti *and* Krishna Baldev Vaid

प्रिय पाठको,

इस लम्बे 'संवाद' के साथ दो समकालीन आपकी पाठ्य-सामग्री में शामिल होने की धृष्टता कर रहे हैं। संयोग ही था कि बिना पूर्वनिर्धारित रूपरेखा के हमलोग बातचीत को बैठे और वह ख़ासी लम्बी चल निकली।

दोनों ओर से अपने-अपने विचार कथ्य में सम्प्रेषित होते रहे। सहमति-असहमति होती रही और प्रतिक्रियाएँ एक-दूसरे के तर्क में छनती रहीं। दोनों दिशाओं को चौकस करती रहीं। व्यक्तित्व में से उभरते लेखन और लेखक दोनों अपने-अपने को अभिव्यक्त करते चले।

रचनात्मकता के स्तर पर अपने-अपने अनुभवों को बाँटना दोनों के निकट मूल्यवान रहा।

उच्च अध्ययन संस्थान के निदेशक मृणाल मीरी के सुझाव पर संस्थान के सेमीनार रूम की रिकार्डिंग-सुविधाएँ हमें उपलब्ध थीं। उस ऐतिहासिक कक्ष में 'संवाद' करते हुए उसमें जज़्ब बौद्धिक जिज्ञासा और उत्तेजना ने ही लेखक और लेखन की अनुशासित प्रक्रियाओं को टटोलने को उत्साहित किया होगा।

रिकार्डिंग के बाद इस लम्बे संवाद को सुना तो हम दोनों ही परेशान हुए। कहीं 'विचार' शब्दों को फलाँग रहे थे, कहीं 'वाचन' के टुकड़े वाक्य की तटस्थता को घूर रहे थे–कहीं 'कथ्य' का विस्तार समय में पगे तर्क को फीका कर रहा था। फिर भी कुल मिलाकर संवाद पुख़्ता सुन पड़ता था और लेखकीय अनुभव में सना हुआ लचकीला भी।

हमने निर्णय लिया कि रिकार्डिंग को ट्रांस्क्राइब करवा लिया जाए।

लम्बा काम था पर जब सम्पन्न हुआ तो हम दोनों के चाहते हुए भी 'संवाद' ठंडे बस्ते में चला गया। जब बरसों बाद खुला तो उसे 'लिखित' में परिवर्तित करने के दौरान इसका वर्तमान पाठ उभरा जो अब आपके हाथों में है।

कृष्णा सोबती : कृष्ण बलदेव वैद

सोबती : ख़ुशामदीद के.बी.। राष्ट्रपति निवास के इस ऐतिहासिक सेमिनार रूम में आज शाम 'संवाद' के लिए आपकी सहमति पाकर मैं गर्व महसूस कर रही हूँ। ऐसी शामें दुर्लभ होती हैं और संयोग से ही जुड़ती हैं। ठीक जगह, ठीक समय और दो समकालीन लेखक। वक़्त के गहरे गुँथीले भाव का एहसास है जिसे हम जैसे दो हमउम्र लेखक ही बाँट सकते हैं।

आज यह याद करना अच्छा लग रहा है कि हम लोग बरसों-बरसों पहले शिमला में एक बार मिले थे। शायद दिसम्बर का महीना था। इस वक़्त वह लम्बी अवधि पुरानी नहीं लग रही। लगता है, कल ही की बात है। के.बी. कभी लिखी गई पुराने पाठ की पंक्ति की तरह वह शाम ज़ेहन में कौंध रही है।

मैं अपनी छोटी बहन सुषी के यहाँ मेहमान थी। दिसम्बर-जनवरी में शिमला में होनेवाले 'स्नोफ़ाल' की उम्मीद में आई थी। पिछले दो-एक दिन से बर्फ़ पड़ने के आसार लग रहे थे।

हम लोग शाम को चाय के लिए बैठे ही थे कि फ़ोन बजा। फ़ोन मेरे लिए था और आप फ़ोन पर थे। दिल्ली से आए थे और बैरियर से बोल रहे थे। मैंने घर का पता दिया और आप दस मिनट में हमारे साथ थे। चाय मेज़ पर लगी थी और किचन से कुछ फ़्राई होने की गंध आ रही थी। बुख़ारी का पाइप दीवार की अँगीठी से छत तक सटा था। और ख़ासे बड़े ड्राइंग-रूम में मद्धम-मद्धम सेंक छोड़ रहा था। मेहमान और मेज़बान में संवाद शुरू ही हुआ था कि बाहर के ग्लेज़्ड बरामदे की खिड़कियों पर सेमल की रुई के-से फाहे गिरने लगे। हवा के साथ नन्हे-नन्हे फाहे तिरने लगे!

बर्फ़ मुबारक़! अपने साथ बर्फ़ लेते आए हैं आप। मौसम की बरकत है। के.बी. उसके बाद बहुत बार शिमला आई हूँ पर वैसी शाम को न मौसम ने दोहराया और न ही हम सबने एक साथ मिलकर।

याद कर सकती हूँ आपकी ब्लू जर्सी और अपने बहनोई बिहारी की ग्रे और सुषी की लाल स्ट्रैच पैंट और पीली जर्सी। बर्फ़ ने सहसा इन रंगों को और गहरा दिया था। चाय के बरतन उठा लिये गए थे और काँच के गिलासों में तरल इतराने लगा था। पनीर की प्लेट कबाब में

बदलकर ताज़ी हो गई थी। 'चियर्स-चियर्स'। बातचीत करते-करते आपने सुझाव दिया—हम लोग क्यों न 'डेविको' में चलकर बैठें।

नहीं, नहीं समरहिल से माल इतना नज़दीक नहीं।

मेज़बान कुछ हैरान हुए।

क्या मौसम की शान में कुछ भूल हुई!

ड्रिंक-केबिनेट खोलकर वोद्का पेश की गई। मगर डेविको का प्रस्ताव अपनी जगह मौजूद था।

हम लोग कार से विक्टरी टनल से आगे उतरे और आर्मी हैडक्वार्टर की चढ़ाई चढ़ने लगे। सैन्ट टामस चर्च के सामने से होते हुए डेविको जा पहुँचे। बर्फ़ लगातार पड़ रही थी। डेविको का बैंड, बर्फ़ का मौन तरन्नुम और उस सजीली शाम में पाँव थिरकने को मचलने लगे! उस शाम को भला अब कहाँ ढूँढ़ने जाएँगे। ख़यालों में ही। वैसे समय के उस दौर के गुज़र जाने का कोई मलाल नहीं।

वैद : कृष्णा, गर्व और गुँथीले भाव का अहसास मुझे भी हो रहा है, उतना ही जितना आपको। बरसों पहले यहीं शिमला में एक-दूसरे के साथ गुज़ारी उस शाम को आपने जिला दिया, कृष्णा! उस अनुपम अनुभव की स्वप्निल-सी याद मुझे यदा-कदा आती रहती है। तब हमारे बीच कोई बाक़ायदा बातचीत नहीं हुई थी, अब होने जा रही है, और मैं आशा करता हूँ कि इससे हमारी

इस मुलाक़ात को एक और गहराई और पुख़्तगी मिलेगी। हम दोनों सच्चे मायनों में समकालीन हैं—एक ही इलाक़े में पैदा हुए और पढ़े, क़रीब-क़रीब हमउम्र भी हैं, और विभाजन की विभीषिका में से गुज़रे हैं। यह ज़रूर है कि मैं बरसों अपने देश से ग़ैरहाज़िर रहा, लेकिन उस ग़ैरहाज़िरी के दौरान भी आपसे सम्पर्क ही नहीं दोस्ती भी बनी रही, दूरी ने उसमें कोई दरार पैदा नहीं की।

सोबती : के.बी. सच तो यह है कि अगर आप लेखक होने के नाते अपनी ही मुहब्बत में क़ैद नहीं तो ज़रूर महसूस करते हैं कि समकालीन होने का रिश्ता किसी भी दूसरे रिश्ते से गहरा होता है। आप एक-दूसरे की प्रतिभा के क़ायल होते हैं। रचनात्मक ख़ूबियों को अपने चेतन और अवचेतन में सँजोए रहते हैं। ऐसा नहीं कि हमें एक-दूसरे से कुछ सीखना नहीं होता। कुछ लोग पहुँचे हुए होते हैं, नहीं सीख सकते, पर मैं सीख लेती हूँ। कैसे भला! एक-दूसरे द्वारा लिखित पाठ में अपने से अलग और कुछ नया देखकर! कई बार वहीं से शुरू हो जाती हैं बौद्धिक सावधानियाँ। हम एक-दूसरे की तरह जीते नहीं फिर भी एक-दूसरे की शैली का आदर करते हैं। इसलिए भी कि एक ज़माने के वक़्त को इकट्ठे जीने की कुछ ख़ूबियाँ और ख़ामियाँ कमोबेश हम सब में लक्षित होती हैं। बेशक हम इन समानताओं के बरक्स असमानताओं और विभिन्नताओं की बात करें

तो हम एक-दूसरे की लेखन-प्रक्रिया को कहीं बेहतर समझ सकेंगे। अलग-अलग स्थितियाँ, उनसे जुड़े अनुभव और वह तत्त्व जिन्होंने लेखकीय व्यक्ति और रचनात्मक स्थापत्य को हमारे कथ्य और शिल्प में स्थापित किया है।

वैद **:** पहुँचे हुए लोगों की दुनिया ही दूसरी होती है। मैंने तो अपना शुमार हमेशा खोए हुए लोगों में ही किया है। मेरे रचे हुए चरित्र भी शायद इसीलिए खोए-खोए से ही होते हैं—अँधेरे में गुनगुनाते हुए : जाएँ तो जाएँ कहाँ।

कृष्णा, आपने ठीक ही कहा कि समकालीन लेखक स्वभाव और अनुभव के लिहाज़ से एक दूसरे से भिन्न होते हुए भी हम एक दूसरे के काम में रस ले सकते हैं, एक दूसरे से सीख सकते हैं। बेशक वह 'सीखना' साधारण 'सीखना' नहीं होता।

सोबती **:** समानताएँ और असमानताएँ सभी वजूद में जज़्ब होती रहती हैं और कथ्य और शैली में नया रूप लेकर प्रस्फुटित होती हैं। पिछली शती के बचपन में हमने न सिर्फ विभिन्न स्तरों पर जीवन के अलग-अलग स्वरूप देखे—एक-दूसरे से नितान्त अलग-अलग रंग भी देखे।

दिल्ली-शिमला से जब कभी हम परिवार के पुश्तैनी शहर गुजरात में जाते तो हवेली किसी आख्यान की

तरह लगती। किताबों में पढ़ी हुई कहानियाँ याद आती हैं। ड्योढ़ियाँ, चबूतरे, चोर सीढ़ियाँ और तलवारों और साँपोंवाले तहख़ाने। नई दिल्ली शिमला की रिहायश से बिलकुल अलग। इन सबको हम राजधनियाँ निगाह से देखते। अपनी ज़मीनों और ननिहाल गाँव की दिनचर्या हममें जिज्ञासा और उत्साह भर देती। आपसे बाँटना चाहती हूँ कि छोटे शहर से महानगर की ओर देखना, उस तक पहुँचना एक रंग है और राजधानी से गाँव या

क़स्बे को देखना बिलकुल अलग। अनुभव की यह पूरी प्रक्रिया बहुत-सी विभिन्नताओं में प्रकट हो सकती है। यहाँ तक कि कथ्य और शिल्प शैली में भी। हाँ अलग-अलग रंग-रूप और व्यक्तित्व होते हुए भी एक समय को जीनेवाली पीढ़ी का दृष्टिकोण एक हद तक एक-सा हो सकता है और एक-सा नहीं भी। आपको पढ़ते हुए मैं बराबर यह महसूस करती रही हूँ—आप भी शायद मेरी रचनाओं को कुछ ऐसे ही समझते होंगे।

के.बी., मेरी आँखों के सामने आपके उपन्यास का सटीक शीर्षक कौंध रहा है–*गुज़रा हुआ ज़माना*। हम दोनों उसी ज़माने के हैं।

लीजिए, सुबह से बादल घिरे थे, अब बरसने लगे हैं। ऐसे मौसम को मैं ख़ूब भाव से जीती हूँ। हाँ, बरसात में जब दिन में अँधेरा-सा छा जाता है तो लगता है आनेवाले समय की आहटें चुन रही हूँ। बाक़ायदा किसी मौन की पदचाप सुन रही हूँ। ऐसे में अपना ध्यान हटा लेती हूँ–यह समझाकर कि अगर वह दिन कल ही मुक़र्रर है तो आज ही फ़िक्र करने से फ़ायदा! आएगा तो देखा जाएगा। फिर तो देखने की भी ज़रूरत नहीं होगी।

वैद : कृष्णा, मेरी पैदाइश डिंगा में हुई, जो एक छोटा-सा क़स्बा था, जैसा कि आप जानती ही हैं। गुजरात उसके मुक़ाबले में एक बड़ा शहर माना जा सकता है। मैट्रिक तक मैं उसी क़स्बे में रहा। कभी-कभी छुट्टियों में मैं डिंगा से अपने पुश्तैनी गाँव में जाया करता था। उस गाँव का नाम था डेराबख्शियाँ, और वह रावलपिंडी के ज़िले में था। डिंगा उस ख़ूबसूरत पहाड़ी गाँव के मुक़ाबले में एक बड़ा शहर लगता था। मैट्रिक पास कर लेने के बाद ही मैंने लाहौर और रावलपिंडी जैसे बड़े शहरों को देखा। कहा जा सकता है कि मेरी जड़ें देहाती और क़स्बाती माहौल में ही रुपी हुई हैं।

बारिश, और ख़ासतौर पर पहाड़ों की प्यारी और धुँधली बारिश, मुझे भी भिगो डालती है। यह अलग बात है कि बचपन और लड़कपन में मुझे पहाड़ी अनुभव नहीं हुए। लेकिन, कृष्णा, जिस इन्तहा पर हम अब पहुँच गए हैं, वह कोई बुरी इन्तहा नहीं। अब हम इस जगत से रुख़सत लेने की अवस्था में हैं। अधिक-से-अधिक दस-बारह बरस और, और उनमें से न जाने कितने किस हालत में बीतेंगे। इन्तहा का ख़याल मुझे अन्य ख़ाक़ी ख़यालों से मुक्त करता है, एक नितान्त नई आज़ादी और लापरवाही देता है, ऊपर उठाता है, कभी-कभी उड़ाता भी है। अकसर सोचता हूँ कि जिस रास्ते पर मैं इस क्षण चल रहा हूँ, इस पर कोई और चलेगा, जिस सूर्यास्त या परिन्दे को इस वक़्त मैं देख रहा हूँ, उन्हें कोई और देखेगा, जिस कविता या कहानी को मैं पढ़ रहा हूँ, उन्हें कोई और पढ़ेगा–और इन ख़यालों के साथ कोई रंज चिपका हुआ महसूस नहीं होता। हाँ, एक मीठी-सी उदासी का अहसास ज़रूर होता है और मैं उस रास्ते और सूर्यास्त और परिन्दे और पुस्तक को और गहराई से अनुभव करने लगता हूँ। पिछले कुछ दिनों में कई बार यह ख़याल आया कि अब फिर कभी मैं यहाँ शायद ही आऊँ, और जब-जब यह ख़याल आया है, सामने की पहाड़ी और मस्त हो उठी है, नशे में चूर दिखाई दी है, मेरी ही तरह।

सोबती : यहीं मैं अपने मित्रों से इस संस्थान के पर्यावरण को बाँटना चाहती रही हूँ। यह शिमला का विशेष स्थल है। यहाँ होना किसी भी लेखक को नई रचना के लिए उत्साहित और उत्तेजित कर सकता है। उच्च अध्ययन संस्थान को राष्ट्रपति भवन से हटाने को लेकर निरन्तर विवाद उठते रहे हैं। पाँचसितारा होटल के लिए इस स्थान को ललचाई आँखों से देखा जाता रहा है। सभी जो देश-विदेश से यहाँ आते-जाते रहते हैं—चाहते हैं कि राष्ट्रपति राधाकृष्णन् द्वारा राष्ट्र के प्रबुद्धों को भेंट् किया गया यह अपूर्व स्थल, यह भवन, लायब्रेरी और यहाँ का एकान्त राष्ट्र की बौद्धिक निधि के रूप में उन्हीं के लिए बना रहे, यह कामना हम सबकी है। के.बी. वाइसरीगल लॉज की इस पुरानी इमारत में क़दम रखते ही आप अपने वजूद में इतिहास की सरसराहट महसूस करने लगते हैं। देश के वर्तमान और अतीत भी आपके साथ शामिल हो जाते हैं। हाँ आपका उपन्यास *गुज़रा हुआ ज़माना*—

वैद : हाँ, तो *गुज़रा हुआ ज़माना!* यह शीर्षक इक़बाल के एक तराने में से उड़कर मेरे मन में आ बैठा था और मैंने उसका इस्तेमाल उस क़स्बे और उस इलाक़े और उन यादों को बहाल करने के लिए कर लिया था जिनसे विभाजन ने मुझे वंचित कर दिया था।

कृष्णा, आपने यह संकेत दिया कि हम समकालीन तो

हैं लेकिन बतौर लेखक एक-दूसरे से भिन्न भी हैं। यह भिन्नता बहुत ज़रूरी है, बहुत अच्छी है। इस भिन्नता की हिफ़ाज़त करते हुए हम एक-दूसरे के काम की सराहना भी कर सकते हैं, एक-दूसरे से कुछ ले भी सकते हैं। अपने काम से भिन्न काम को नकारना कुछ लेखकों को बहुत अच्छा लगता होगा, मुझे तो वह बहुत ही बुरा लगता है। ऐसी संकीर्णता लेखक या कलाकार को सीमित और कुंठित कर देती है, उसकी रुचि को एक निहायत तंग दायरे में क़ैद कर देती है।

मुझे यह बात दुख भी देती है, अजीब भी लगती है कि हिन्दी के बहुत-से लेखक अपने समकालीनों को नहीं पढ़ते या बहुत कम पढ़ते हैं, या यह ठानकर पढ़ते हैं कि उसे पसन्द नहीं करना। हम पाठकों से तो यह अपेक्षा करते हैं कि पढ़ते समय वे अपने पूर्वाग्रहों को स्थगित कर दें लेकिन ख़ुद ऐसा नहीं करते। मैं अपनी बात करूँ तो मैं भी इस दोष से पूरी तरह मुक्त नहीं हूँ। अमुक मुझे नहीं पढ़ता तो मैं उसे क्यों पढ़ूँ? वैसे मेरी कोशिश रहती है कि अपने समकालीनों और दोस्तों को पढ़ूँ और अपनी राय दूँ—खुलकर, पूरी गर्मी से, बेबाक़ी से। चुप मारकर बैठे रहने से हमारा साहित्यिक वातावरण विपन्न हुआ है। मेरा ख़याल है, कृष्णा, कि आप मुझसे सहमत होंगी कि अगर दो लेखक दोस्त एक-दूसरे के लेखन के बारे में खुलकर बात न कर सकें तो उनकी दोस्ती सतही ही रह जाएगी।

सोबती : के.बी. एक दिलचस्प क़िस्सा। क़िस्सा ही समझिए–वैसे जो जैसे घटित हुआ था उसमें अपनी तरफ़ से कुछ भी नया नहीं जोड़ रही।

दिल्ली की एक अच्छी साहित्यिक शाम समापन पर थी। मेहमान जाने को खड़े थे कि एक दोस्त ने मुझसे मेरा फ़ोन नम्बर पूछा–
मैंने कहा–घर पर फ़ोन नहीं है और मैं ऑफ़िस से इन दिनों छुट्टी पर हूँ–

एक मित्र सुनकर जाने क्यों भड़क उठे।
उपहास-सा उड़ाते हुए नाटकीय अन्दाज़ में बोले–सोबती का लेखन मिथ है और 'जाब' भी मिथ है।
मैंने सख़्ती से कहा–देखो दोस्तों को लेकर न मैं इतनी छूट अपने से लेती हूँ, न ही उनसे इसकी उम्मीद करती हूँ। समझे–फिर कभी इन हल्की बातों पर उतरे तो मैं तुम्हारी कृतियों में से वह टुकड़े निकालकर दिखा दूँगी जो तुमने विदेशी उपन्यासों से उठाए हैं। के.बी. उस शाम को बचाने के लिए मेज़बान को शैम्पेन खोलनी पड़ी,फिर

भी एक ख़ासी पुरानी दोस्ती में दरार पड़ ही चुकी थी।
यह फ़िक़रा मेरी सहनशीलता के बाहर था। साहित्यिक शिष्टाचारी गणित में साहित्यिक धकेल का भी एक बाड़ा है। वहाँ लेखकों के सींग एक दूसरे से टकराते ही रहते हैं।

वैद : एक और बात कहूँ, कृष्णा? एक उम्र बीत गई, लिखने-पढ़ने में, अब थकान-सी महसूस होने लगी है। मैं अपनी बात कर रहा हूँ। वैसे वह थकान मुझे यहाँ भी महसूस हो रही है। लेकिन यहाँ के बादलों की तरह वह आती-जाती रहती है। वह ऐसी थकान नहीं जो जिस्म के अन्दर घुसकर बैठ ही जाए। वह थकान स्वप्निल है। यहाँ की कैफ़ियत की तरह। इसके लिए आपका फिर शुक्रिया। यहाँ होना मेरे लिए एक सुन्दर स्वप्न की तरह है।

सोबती : के.बी. पहाड़ों पर मैं कुछ अलग महसूस करती हूँ। कई दहाइयाँ पीछे छोड़ने के बाद प्रकृति के भरपूर पर्यावरण को गहरे भाव से जीने लगती हूँ। मैं इस समय को कुछ ऐसे ही जी रही हूँ। समरहिल में स्थित इस ख़ूबसूरत पर्यावरण को। यहाँ की भोर मैं देख नहीं पाती–देर से उठती हूँ पर सूर्यास्त देखने में कोई नाग़ा नहीं। ढलता सूरज हर शाम अनोखा। कौन चितेरा इसे नए-नए रंगों में आँकता है। यह भी सोचती हूँ कि दृश्य

के नीचे हस्ताक्षर उसी के हैं जिसने यह सृष्टि बनाई है पर इन चित्रों की नित नई प्रस्तुति में किसका कापीराइट है।

इस साँझ को देखते हुए, नतमस्तक होते हुए आँखों को कोई पुरानी प्राचीन दृष्टि घेर लेती है जो मात्र मेरी ही नहीं उन सब पूर्वजों की भी है जो इस विशाल लोक में जीते रहे हैं। हमीं इसमें विलीन होते रहे हैं। हमीं नश्वर। मैं भी जतोग की पहाड़ी की सीध देखना पसन्द करती हूँ। आसमान साफ़ हो तो सतलुज की नीली धार दिखती है।

पहाड़ का जादू ही कुछ ऐसा है कि आप मैदानी हलचलों और तनावों को भूलकर यहाँ के भरपूर एकान्त में सिर्फ़ आत्ममुग्ध और आत्मलीन ही नहीं हो जाते, अपने को काम के लिए उकसाते हैं और पर्यावरण से स्फूर्ति भी पाते हैं। मैं दिल्ली के मुक़ाबले यहाँ अपने में ख़ूब ताज़गी महसूस करती हूँ। वहाँ से कहीं ज़्यादा काम करती हूँ।

अब आपकी दूसरी बात को आगे बढ़ाते हुए–साहित्यिक मैत्रियों के लिए कुछ कहना ज़रूरी ही होगा। अमैत्री के इस संक्रमण काल में आज दोस्ती-दुश्मनी हर दिन ख़तरे में हैं। दोस्ती आज है तो कल नहीं। सुबह है तो शाम नहीं! एक-दूसरे का लेखन ही इसका कारण नहीं, विचारधाराओं के बन्धन भी ढीले हो चुके हैं–लेकिन अलग-अलग राजनैतिक दलों की ओर झुकाव भी दोस्ती

और दुश्मनी के कारण हो सकते हैं। साहित्यकारों ने स्वयं ख़ेमेबाजी के सामने हथियार डाल दिए हैं। जो दूसरे का इस्तेमाल कर रहा है, वह भी ख़ुश है, जो इस्तेमाल हो रहा है, वह भी नाख़ुश नहीं क्योंकि वह इसके दाम वसूल लेगा। सन्तुष्ट कर दिया जाएगा। लुकी-छिपी रणनीतियों का यह ज़ाहिरा खेल ऐसा है जो शिष्टता से नित्यप्रति खेला जाता है।

उसे हाँक दो। इसे टाँक दो। इसको आँख दिखा दो, उसे गले लगा लो। कुछ हलक़ों में तो साहित्य संस्कृति बराबर बाज़ार हो चुकी है ! सब कुछ जानते-बूझते सम्पर्कवाद का शिकार हो रही है। जातीयता का अखाड़ा भी।

के. बी., अपने भाषायी समाज के निरुत्साहित करनेवाले रवैये पर तो एक पूरा संकलन निकाला जा सकता है। अच्छी, कम अच्छी और बहुत अच्छी किसी भी कृति पर ऐसा मुद्दा बनाकर यह पूछना कि अच्छा प्रकाशित हो गई है ? नहीं, अभी देखी नहीं। प्रकाशक ने भेजी नहीं। मतलब यह भी कि पुस्तक की ख़रीद ज़रूरी नहीं। लगता है, यह दृष्टिकोण हमारे लेखकीय स्वभाव का प्रमुख अंग बन चुका है। बौद्धिक सजगता को बालाय-ताक रखकर किसी भी रचना या कृति को छोटे से झरोखे से देखना। झरोखा भी जो उनकी अपनी वृत्ति से मेल खाता हो।

हिन्दी शिक्षकों को छोड़कर देखें तो लेखकों की पूरी बिरादरी इस बीमारी से पीड़ित है।

कहना होगा कि हिन्दी समाज के स्वभाव में घुली उदासीनता और ठंडी प्रतिहिंसा इतनी पुरानी है कि वह इससे अभी तक उभरी नहीं। नई कृति के प्रति बौद्धिक उत्साह उछाह को प्रकट करने में झिझकना लगभग हास्यास्पद माना जाता है, जैसे अपनी रचनात्मकता पर कोई ख़तरा मँडरा रहा हो। उठा-पटक और स्पर्धा के इस युग में भी हमें साहित्यिक रचनात्मक अस्मिता को और खुली आँखों से देखना आना चाहिए! जैसा कि आपने कहा, पाठ को पढ़ना कृति के रचनात्मक संस्कार को समझना अच्छा पाठक होने की पहली शर्त है। हमारे यहाँ लेखक को ख़ासा अनपढ़ भी समझा जाता है। के.बी. मुझे विश्वास है कि आपने ऐसे जुमले कभी न सुने होंगे कि आपके अमुक उपन्यास में न कथ्य है, न भाषा है और न शैली है!

इस पर लेखक क्या करे! अपने पर हँसे कि शिक्षित पाठक पर।

दर्जनों क़िस्से बयान कर सकती हूँ पर क्योंकि वह अनुभव के रूप में निचोड़ लिये गए हैं सो उन्हें दोहराने से फ़ायदा नहीं।

वैद : हिन्दी की दुनिया की उदासीनता, पुस्तकों के प्रति रूखा रुख़, पुस्तकें ख़रीदने से परहेज़–ऐसे माहौल को बनाने और बनाए रखने में हमारे प्रकाशकों का योगदान–इन सारे अवगुणों का बखान हम बरसों से

करते चले आ रहे हैं। और अब तो, कृष्णा, लगता है कि स्थिति में परिवर्तन शायद हमारे बाद ही आए, हमारे जीते जी तो कुछ होता दिखाई नहीं देता। हो सकता है मेरी थकान ही मुझसे यह सब कहलवा रही हो। आप यह बताइए कि आप यहाँ किस आलम में रहती हैं, किस तरह से काम करती हैं...

सोबती : कुछ ताज़ा आपसे बाँट रही हूँ। मैं तो यहाँ पुरानी रफ़्तार ही अपने साथ लिये चल रही हूँ। असल में मुझे यहाँ थकन कम महसूस होती है। राष्ट्रपति निवास के लम्बे बरामदों में चलते हुए ऊर्जा का संचार होता है। पेड़ों की ऊँचाइयों में से छनता मौन अपने एकान्तिक कोलाहल में हवाओं को छूता हुआ आपको घेर लेता है। सम्पूर्ण हारमनी। आप यहाँ कुछ और हो उठते हैं। पहले से कहीं ज़्यादा चौकस और लचकीले। यह सेमीनार रूम सिर्फ़ मुझे ही नहीं–हम सभी को बौद्धिक रूप से उत्तेजित करता है। यहाँ बैठे हुए मैं बीच-बीच में सामने की केसमेंट से बाहर झाँकती हूँ, यहीं बैठे-बैठे लान पर से धूप के टुकड़े और हवाओं के निःशब्द निमन्त्रण अन्दर उठा लाती हूँ।

अकसर रात ही को काम करती हूँ। यह सोचकर सुख होता है कि इस पर्यावरण को मैंने हर पल अपने में महसूस किया है। पन्नों पर पाठ में घुलने दिया है। रात अपनी मेज़ के आसपास बहती निपट ख़ामोशियाँ कुछ

ऐसी जैसे टीन की छत पर हल्की-हल्की बूँदाबाँदी हो रही हो।

हाँ कहीं नए उमररसीदी घपले होने शुरू हो गए तो ठाठ से आराम करूँगी। मुझे आराम की बुरी लत है और मौक़ा आने पर काम करने की अच्छी भी। पाँच-छह साल के वक़्फे से अगर कुछ कहने को हो और जो कहीं से उतरे–उसे लिखना। लिखने का कचूमर निकालने की आदत कभी बनी ही नहीं। मात्र लिखने के लिए लिखना–यह मेरे निकट कभी घटित नहीं हुआ। लिखित में दोहराने से बहुत कतराती हूँ। वैसे मैं महाकामचोर भी हूँ। स्वभावगत अपने आसपास कार्यकारी फैलाव भी इतना फैलाए रहती हूँ कि उसमें कोई भी परिवर्तन धावा बोलता न दीखे। सभी कुछ धीरे-धीरे। जल्दी सिर्फ़ उसमें जहाँ सचमुच ही ज़रूरत हो। सो अभी तक पुराने मुग़ालतों को थामे रही हूँ। यह सबकुछ मिलकर एक ओर मुझे कार्यशील बनाते हैं और दूसरी ओर एक ख़ास तरह के चौकन्ने आलस्य का शिकार भी। आसानी से मैं अपने पर रचना का दबाव बनने नहीं देती। इस बीच ऊपर-नीचे जो भी होता रहता है, होता रहे। सच यह भी कि लेखक चाहे कितना ही तीसमारख़ाँ क्यों न हो, लिखना टेढ़ी खीर है। वह अपने सिवाय जाने किस-किसका बोझ उठाए रहता है। जाने-पहचानों का–अनजानों का जिन्हें पात्र के रूप में सही नाम देने के लिए ख़ासा सोचना-समझना पड़ता है। अपनी बात कहूँ

तो यह काम मुझे सबसे कठिन लगता है। पात्र का सही नाम पहले मुझे आश्वस्त करता है, फिर पात्र को सजीव रूप देता है और कहानी चल पड़ती है।

के.बी. हम बातचीत को अपने पहले उपन्यासों की ओर क्यों न मोड़ें। पहले आप अपने उपन्यास 'उसका बचपन' से शुरू करें। पहला उपन्यास लिखने का वक़्त अद्‌भुत होता है। लेखक का आत्मविश्वास और उसके साथ-साथ अपना और अपने लिखे हुए का जायज़ा लेने का प्रयास! एक बात कहना चाहती हूँ कि पहले उपन्यास को लिखते हुए जितनी बड़ी लेखक की मुद्रा मुझ पर छाई रही उतनी ज़िन्दगी में दुबारा मैंने फिर कभी नहीं जानी। अब आप अपने 'प्रथम' की ओर मुड़ें।

वैद : *उसका बचपन* की ओर मुड़ने से पहले मैं भी कुछ क्षण और शब्द अपनी वर्तमान स्थिति को देना चाहता हूँ। कृष्णा, उम्र के साथ कुछ शिथिलता का आ जाना अनिवार्य है, और कहीं नहीं तो जिस्म में। और जब मस्तिष्क में भी आनी शुरू हो जाए तो चिन्ता भी शुरू हो जाती है। अभी वैसी स्थिति शायद नहीं आई या हुई। इतना ज़रूर हुआ है कि काम पर मेरी बैठकें उतनी लम्बी नहीं होतीं जितनी कुछ वर्ष पहले तक हुआ करती थीं, लेकिन इसकी मुझे कोई शिकायत नहीं। मिक़दार मेरी नज़र में मैयार (क्वालिटी) से हमेशा कमतर रही है। मैं भी किसी ज़माने में रात को ही काम किया करता था

लेकिन इधर कई दशकों से सुबह को ही 'समाधि' लगाने की कोशिश करता हूँ। आजकल अगर दो-तीन घंटे बैठ लूँ तो दिन-भर उसकी मस्ती बनी रहती है और बाक़ी का दिन पढ़कर या कुढ़कर या सुस्ताकर गुज़ार लेता हूँ। 'समाधि' किसी भी ग़लत आवाज़ या हरकत या ख़याल से टूट सकती है, इसलिए कमरे और मन का दरवाज़ा बन्द करके बैठता हूँ। सारी एहतियात के बावजूद कई प्रकार के ख़लल उन बन्द दरवाज़ों पर दस्तक देते रहते हैं। मैं शोर-शराबे के बीच नहीं लिख सकता, मुझे बन्द कमरा चाहिए। अगर मुझमें प्रूस्त जैसी ज़िद्द और हिम्मत होती तो मैंने अपने कमरे को साउंड-प्रूफ़ बना लिया होता। कभी-कभी ऐसे दौरे भी पड़ते हैं कि थकावट के बावजूद रुक-रुककर दिन-भर जुटा रहता हूँ लेकिन अब ऐसे दौरे कम होते जा रहे हैं। जैसे चाय और शराब का वक़्त तय-सा हो गया है, वैसे ही लिखने के लिए बैठने का भी। अगर वह वक़्त किसी बाधा-कारणवश निकल या टल जाए तो मानसिक सन्तुलन बिगड़-सा जाता है। इससे यह मतलब न निकाल लें कि काम में या 'समाधि' में नाग़े नहीं आते। वे आते हैं और जब आते हैं तो आते ही चले जाते हैं।

वैसे मैंने भी हर स्थिति में लिखा है—छोटी जगह में भी लिखा है लेकिन छोटी-से-छोटी जगह में भी एक छोटा-सा कोना अपने लिए बनाना मेरे लिए ज़रूरी हो जाता है। ज़्यादा वक़्त मैदानी इलाक़ों में ही बीता है

इसलिए 'ऊपर' का अनुभव उतना नहीं जितना 'नीचे' का। शुरू के पन्द्रह बरस और कॉलिज की छुट्टियों का समय छोड़ दूँ तो अपने देश में गुज़ारी उम्र बड़े शहरों–लाहौर, रावलपिंडी, दिल्ली–में ही गुज़री है। अमेरिका में क़रीब सतरह बरस एक छोटे-से क़स्बे में गुजारे, जिसका अपना एक छोटा-सा दरिया भी था। उस क़स्बे जैसा एकान्त (जिसमें बर्फ़ के फाहों और छोटे-छोटे ढेरों की भूमिका बहुत ख़ूबसूरत और कभी-कभी ख़ौफ़नाक़ हुआ करती थी) उसके पहले कहीं नसीब हुआ, न उसके बाद–वैसी शान्ति और अशान्ति भी। उस शदीद एकान्त और शान्ति-अशान्ति का प्रभाव वहाँ रहते लिखी गई कुछ रचनाओं में व्याप्त है, ख़ासतौर पर *दूसरा न कोई, दर्द ला दवा, नसरीन* और *उसके बयान* में।

कृष्णा, आपने अभी-अभी कहा कि 'लिखना टेढ़ी खीर' है–मैं जोड़ना चाहता हूँ कि लिखना टेढ़ी लकीर भी है। जब कुछ लिख रहा होता हूँ तो उसके बारे में कोई बात नहीं करना चाहता, उसके बारे में पूछे गए किसी सवाल का कोई जवाब नहीं देना चाहता–मारे इस वहम के कि अगर उसके बारे में कुछ कहूँगा तो वहीं रुका रह जाऊँगा। हर लेखक ने कई वहम पाल रखे होते हैं। मैंने भी, लेकिन उनके बारे में और बात करने से डरता हूँ क्योंकि एक वहम यह भी है कि वहम अपने बारे में कोई बात सुन लें तो सूज जाते हैं।

सोबती : के.बी. जब मैं मेज़ पर होती हूँ तो मैं ऐसे लोगों से मिलना नहीं चाहती जो बेमतलब, बेवजह ही आपमें नकार भाव जगाते हैं। जहाँ तक वहम का तआल्लुक़ है–कुछ तो मैंने भी पाले होंगे पर अब तो वे कब के काफ़ूर हो चुके। अपने पहले उपन्यास 'चन्ना' और 'ज़िन्दगीनामा' के प्रसंगों ने तो वहमों को हमेशा के लिए मार भगा दिया। जो प्रमाण के लिए रह गई वह कमलेश्वर द्वारा तैयार की गई 'चन्ना' की प्रेस-कॉपी है। भुरभुरे टाइप काग़ज़ों में से कमलेश्वर का सुलेख ही दमकता है।

वैद : जिस तरह काम करने का समय अब निश्चित-सा हो गया है–सुबह–उसी तरह स्थान भी, लेकिन स्थान कभी-कभी बदलना भी पड़ता है और उससे मुझे काफ़ी परेशानी होती है। नए स्थान को अपनाने में दिक़्क़त भी होती है, वक़्त भी लगता है। इसी दिक़्क़त के कारण मैं गर्मियों में 'ऊपर' पहाड़ों पर जाने से कतराता हूँ–हालाँकि *उसका बचपन* मैंने *रानीखेत* में लिखा था और *बिमल उर्फ़ जाएँ तो जाएँ कहाँ* का अन्तिम भाग कश्मीर में। लेकिन मैं समझता हूँ कि कभी-कभी प्राकृतिक ख़ूबसूरती भी काम में रुकावट बन जाती है। एक ख़ूबसूरत रुकावट।

सोबती : इन ख़ूबसूरत रुकावटों के भी क्या कहने!

क़ुदरत की देन है। कुमाऊँ में ख़ूब घूमी हूँ। काठगोदाम से भुवाली, भीमताल नौकछिया रामगढ़ से मुक्तेश्वर, अल्मोड़ा रानीखेत। हाँ जिन रुकावटों का आप ज़िक्र कर रहे हैं, उनके चलते बहुत कुछ हमारे बाहर छूट जाता है और बहुत कुछ हमारे अन्तरंग को घेर लेता है। ऐसे क्षणों में हमारा लेखकीय अस्तित्व सजग और प्रखर हो उठता है। यूँ तो हम कई स्तरों पर कई समयों को जीते हैं पर लेखकीय समय को जीना उतना ही होता है जितना रचनाओं में प्रस्तुत कर चुके हैं। अपने बारे में अगर ठीक से कह सकूँ, इतना ही कि पिछवाड़े को साफ़ देख सकती हूँ कि मेरे पास ज़मीन कितनी थी–मैंने खाद कितनी डाली थी और मेरी रचनात्मक पौध कैसी

रही। अनुभव है वह टुकड़ा ज़मीन का जिसने मुझे एक साफ़-शफ़्फ़ाफ़ निगाह दी। ज़िन्दगी को छूने का आभास और अभ्यास भी, मौसमों का खटका और ख़तरा, ख़ौफ़, दहशत और इनसे जुड़ी मानवीय संवेदना और मूल्यों की पहचान भी। कुल मिलाकर यही लम्बी यात्रा की उपलब्धियाँ हैं।

के.बी. हमारे समय की हलचलों और आबोहवा ने हमारी पीढ़ी के रचना विस्तार को तय किया है। मेरे स्वभाव में कुछ ऐसा है कि अपने तईं कभी कुछ तय नहीं रहा। इसी ने मेरी रचनात्मकता को विस्तार दिया। इसी ने हर कृति के साथ मुझे भाषा का नया मुखड़ा दिया और कथ्य को दोहराने से भी बरी रखा।

पिछली सदी ने हमें बहुत कुछ दिया और हमसे बहुत कुछ वसूल भी किया। आज़ादी दी और उसके साथ-साथ विभाजन भी। अपनी पहचान खोजने की कोशिश करूँ तो एक मेहनती ख़ुद्दार व्यक्ति की ही तस्वीर उभरती है। गहरे तक जानती हूँ कि लेखक की बड़ी दिखती छोटी-सी हस्ती की इतनी औक़ात कहाँ कि क़लम से लिखा पाठ अपनी अस्मिता में दशकों पार कर सके। समय को फलाँग सके। हाँ अपनी दशकों पुरानी लम्बी दौड़ में मुझे न किसी को पछाड़ने की हसरत थी और न किसी से पिछड़ने का आतंक। इत्मीनान से ट्रैक पर दौड़ती चली हूँ!

'ज़िन्दगीनामा' के आरम्भ में दी गई कुछ पंक्तियाँ बाँटने

जा रही हूँ:

औक़ात न क़लम की
न लेखक की
न लेखन की
ज़िन्दगी फैलती चली गई
काग़ज़ के पन्नों पर
कुछ इस तरह
ज्यों धरती में उग आया हो
विशाल जड़ों वाला
एक ज़िन्दा रूख।

हमारी पूरी पीढ़ी ने, पीछे छूट गई धरती के मिज़ाज को, रख-रखाव, जीवन-शैली और सांस्कृतिक तापमान और भाषायी शब्द-सम्पदा को अपनी औक़ात और तासीर के अनुरूप परिभाषित किया। रचनाओं में प्रवाहित किया। एक स्वतन्त्र देश के लेखकों की तरह समझदारी से नए सीमान्तों का विश्लेषण किया। उनका जायज़ा लिया। कहूँगी कि लेखक सिर्फ़ निज की लड़ाई नहीं लड़ता। न अपने दुख-दर्द और हर्ष-विषाद का ही लेखा-जोखा पेश करता है। अपने अन्दर-बाहर को रचनात्मक सेतु से जोड़ता है। उसे लगातार उगना होता है—हर मौसम, हर दौर में। दूर होते रिश्तों के साथ, सम्बन्धों की जमा और नफ़ी के साथ। इतिहास के फ़ैसलों और फ़ासलों के साथ।

वैद : जिस अधिकार से आप "हमारी पूरी पीढ़ी" की ओर से बात कर रही हैं, मैं शायद न कर सकूँ। मैं व्यक्तिगत स्वभाव और अनुभव को कुछ ज़्यादा ही अहमियत देता रहा हूँ। मैं जानता हूँ कि स्वभाव के निर्माण में और तत्त्वों के अलावा व्यक्ति के परिवार, परिवेश और समाज का योगदान भी होता है। उन सारे तत्त्वों के रहस्य और रसायन की सही-सही समझ-बूझ मुझे नहीं, लेकिन मैं इतना ज़रूर जानता हूँ कि मेरे साहित्यिक स्वभाव के निर्माण में मेरे अवचेतन का दख़ल भी रहा है। इसीलिए शायद अपने काम में भी मैं उस अवचेतन की टोह बराबर लेता रहता हूँ और मेरी नज़र उसके अँधेरे को बराबर टटोलती रहती है। मिसाल के तौर पर विभाजन के बारे में लिखना आसान काम नहीं था। इसीलिए कुछ आलोचकों ने यह भी कहा है कि विभाजन सम्बन्धी हमारे साहित्य की यह ख़ामी है कि वह किसी भी वर्ग को दोषी नहीं ठहराता। मैं समझता हूँ कि सच्चाई यही थी कि दोनों वर्ग दोषी थे, कि दोषी दोनों वर्गों में थे, और विभाजन के इर्द-गिर्द रचा गया सारा साहित्य इसी कटु सत्य को रूपायित करता है। इसीलिए मैंने *गुज़रा हुआ ज़माना* में और स्रोतों के अलावा अपने अवचेतन की आहटें सुनने की और उन्हें शब्द देने की कोशिश भी की है।

सोबती : विचारकों और आलोचकों का यह कहना

कि विभाजन साहित्य में यह ख़ामी है कि वह किसी एक वर्ग को दोषी नहीं ठहराता, राजनैतिक सन्देह और विवाद ही जगाता है। विभाजन जैसी ऐतिहासिक घटनाएँ जो संघर्ष के बाद किसी एक देश के विभाजन और नए देश के जन्म का कारण बनी हों, उनके राजनैतिक और सामाजिक विश्लेषण के बिना ही इकतरफ़ा दोषा-रोपण करना—भोलापन ही होगा। क्या सचमुच ऐसा किया जा सकता है? यह कहना कि यह दल अथवा वह दल, समुदाय, जाति, सम्प्रदाय ऐसा करने का गुनहगार है। विभाजन के फलस्वरूप देश के दो टुकड़े हुए। दो भूखंड, दो नई सरहदें क़ायम हुईं, सम्प्रभुतापूर्ण दो राष्ट्र भारत और पाकिस्तान। एक ऐसा संघर्ष और उसका विस्फोट जो किसी एक देश के नए वजूद का कारण बने, उससे जुड़े संघर्ष में अल्पसंख्यक और बहुसंख्यकों के बीच उभरे तनावों को महज़ किसी एक के मत्थे मढ़कर हम विभाजन के विश्लेषण से सहज ही छुट्टी नहीं पा सकते। हिंसा, नरसंहार, आगज़नी, मार-काट और राजनैतिक महत्वाकांक्षाओं में से होते हुए सिर्फ़ एक समुदाय विशेष को अपराधी क़रार देना न राजनैतिक विश्लेषण होगा और न ही साहित्यिक अथवा ऐतिहासिक।

स्वतन्त्रता, विभाजन और नया देश—यह तीनों मुद्दे गहरे तक एक दूसरे से इतने उलझे हुए हैं कि इनमें से किसी एक के आधार पर न विभाजन साहित्य की पड़ताल हो

सकती है और न ही पाकिस्तान बनने की भूमिका के लिए जिस-तिस को एकबारगी ज़िम्मेदार ठहराया जा सकता है।

विभाजन एक ऐसे ऐतिहासिक विघटन की मानवीय स्मृति है जिसे भूलना नामुमकिन है और याद रखना ख़तरनाक। साहित्य का सृजनात्मक स्थापत्य मानवीय मन का सबसे विलक्षण आख्यान है। इसे जीता कोई और है, लिखता कोई और है और प्रकाशन के बाद पढ़ता कोई और है। कोई भी अच्छी रचना पात्रों के या अपने आन्तरिक की ट्रांसपेरेंसीज़ के प्रस्तुतिकरण से नहीं, ज़िन्दगी की टकराहटों और संघर्ष में से होकर उभरती है।

साहित्य हमारी ज़िन्दगी में उसी तरह रचा-बसा है जैसे इस लोक में सृष्टि का रचाव। बचपन में लौटूँ तो इस शब्द 'रचाव' को हमें कुछ ऐसे समझाया गया था।
'अपने आसपास देखो–धरती पर पेड़, पहाड़, फल, फूल, सब्ज़ियाँ, धूप-छाँह, ऊपर आकाश, चाँद-सितारे, सूरज, बादल-बरखा– दिन-रात–यह है रचाव। अलग-अलग रंग-रूपों में रचा हुआ। रसा हुआ।'

वैद : कृष्णा, अपने तहख़ाने तक पहुँचने के लिए हर लेखक अपना रास्ता और तरीक़ा ख़ुद तराशता है, तलाशता है, और उस रास्ते या तरीक़े को सीधे-सीधे शब्द दे पाना मेरे लिए हमेशा कठिन रहा है, इतना कि मैं 'रचना-प्रक्रिया' के बारे में पूछे जानेवाले सवालों को

अकसर टालता ही रहा हूँ। हाँ, 'उलटे' तरीक़े से मैंने उस पर एक छोटी-सी किताब–*उसके बयान*–उसी छोटे और सुन्दर बर्फ़ीले अमेरिकी क़स्बे में बरसों पहले लिख डाली थी, जहाँ मैंने 'गुज़रा हुआ ज़माना' और कुछ दूसरे उपन्यास लिखे। वह किताब मुझे बहुत प्रिय है, वह क़स्बा भी। आपने यह किताब न पढ़ी हो तो पढ़िए, शायद आपको पसन्द आए।

सोबती : के.बी. मैं 'उसके बयान' ज़रूर पढ़ना चाहूँगी। आपके विदेश में होने से एक-दूसरे की रचनात्मक उपलब्धियों की जानकारी में 'गैप' ज़रूर रह जाते रहे हैं। यह एक ऐसा मसला है जिसके लिए हम लेखकों को अनचाहे ही भुगतना पड़ता रहा है। अब तो यह पुराने

वक़्तों की बात लगती है। आज तो यह समस्या ही नहीं है। आप अमेरिका में पढ़ा रहे थे लेकिन धर्मवीर भारती इलाहाबाद से सिर्फ़ बम्बई 'धर्मयुग' के सम्पादक होकर गए थे। मगर इलाहाबाद के साहित्यिक केन्द्र से दूर पड़ गए। भारती ने बम्बई में जो कुछ भी अर्जित किया उसका आधा भाग उनकी प्रखर प्रतिभा से ख़ारिज होता लगने लगा। यह निश्चय ही लोकप्रियता और पाठकों की सदिच्छा का खेल नहीं था, मगर आज की साहित्यिक और सामाजिक स्थिति में किसी भी लेखक को परेशान होने की ज़रूरत नहीं। हाँ, दिलचस्प यह भी कि एक-दूसरे के कृतित्व से परिचित होने के असंख्य साधन हमें आज मुहैया हैं–पहले नहीं थे। फिर भी आपका कहना ठीक लगता है कि इस सबके बावजूद लेखकों ने अपनी-अपनी पसन्द की लक्ष्मण रेखाएँ खींच रखी हैं। अपनी स्वभावगत रुचि, अनुभव की परछाईं, वैचारिक आस्थाएँ और विचारधाराओं के दबाव भी लेखकों की बौद्धिक जिज्ञासाओं को तय करते हैं। क्यों न हम यहाँ से विषयान्तर करें। 'उसका बचपन' की ओर मुड़ें।

वैद : कृष्णा, इधर-उधर की तमाम बातों के बाद आप आख़िर मुझे लौटा ही लाईं *उसका बचपन* पर–मैं शायद लौटने से कतरा रहा था। *उसका बचपन* पर काम करना मैंने 1953-54 में शुरू कर दिया था। पहली बार क़लम उस पर कब उठाई, यह ठीक याद नहीं, क्यों उठाई,

इसका जवाब शायद दे सकूँ। सभी तो नहीं लेकिन बहुत से उपन्यासकार अपने पहले उपन्यास में अपने बचपन या लड़कपन का सहारा लेते हैं। जेम्ज़ जॉयस और उनका पहला उपन्यास, *पोर्ट्रेट ऑफ दि आर्टिस्ट ऐज़ ए यंगमैन,* याद आता है। विभाजन ने क्योंकि मेरा पैदाइशी क़स्बा, डिंगा, और उस क़स्बे की टेढ़ी-मेढ़ी गलियों और छोटी ईंटों से बने पुराने मकानों और बड़ी-बड़ी बेरियों के सायों में गुज़रा मेरा कठिन लेकिन भरा-पूरा बचपन और लड़कपन मुझसे छीन लिया था, इसलिए अपने पहले उपन्यास में उस तरफ़ लौटना मेरे लिए स्वाभाविक ही नहीं, अनिवार्य भी था। इस अनिवार्यता में उस बचपन की शिद्दत और उसका दिया हुआ दुख और दर्द और उनको अभिव्यक्ति देकर उनसे किसी हद तक मुक्त हो जाने की कामना भी ज़रूर अपना काम कर रही होगी। अब यहाँ से पीछे देखने पर तो यही लगता है कि मैं अपने 'भूत' को निकालकर भूत-मुक्त हो जाना चाहता था। हुआ नहीं, वर्ना पच्चीस साल बाद *गुज़रा हुआ ज़माना* में मैं फिर उसी 'भूत' से न जा भिड़ा होता। पूरी तरह भूत-मुक्त कोई नहीं होता, लेखक तो हरगिज़ नहीं। ख़ैर, तो *उसका बचपन* का पहला प्रारूप ख़त्म होते-होते उससे मेरा असन्तोष शुरू हो गया था, क्योंकि उस प्रारूप में मुझे वही दोष दिखाई देने लगे थे जिनसे मैं अपने पहले उपन्यास को बचाना चाहता था—अनावश्यक विस्तार, सामाजिक सन्दर्भ पर अतिरिक्त ज़ोर, रिवायती

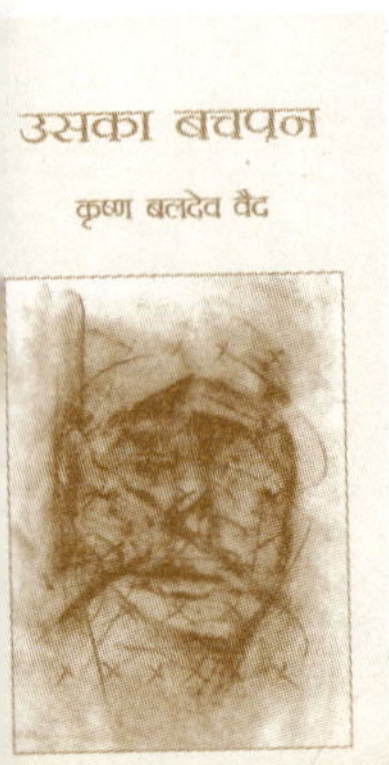

उपन्यासों का-सा ढीलापन, जिसे वर्जिनिया वुल्फ़ ने औपन्यासिक फ़र्नीचर का नाम दिया है, उसका बाहुल्य, बनावटी-सी भाषा। वह प्रारूप पता नहीं कहाँ मेरे किन काग़ज़ों के नीचे दबा पड़ा है। उससे अपने असन्तोष को ज़बान देते समय यह ख़याल भी आता है कि उसमें कुछ ऐसा होगा ही कि मैंने उसे फाड़ या फेंक नहीं दिया, और न ही वह उपन्यास लिखने का ख़याल रद्द किया। जो हो, उस प्रारूप को मैंने अधूरा ही छोड़ दिया होगा, हालाँकि उस पर मैंने तीन-चार सौ सफ़े स्याह कर डाले थे। फिर न जाने किस दैवी या आसुरी प्रेरणा के तहत मैं बग़ैर कोई प्रबन्ध किए गर्मियों की छुट्टियों में एक-डेढ़ महीने के लिए रानीखेत जा पहुँचा। जगह की अजनबियत के बावजूद तीन-चार दिन बाद मैंने *उसका बचपन* को फिर लिखना शुरू कर दिया-उस पहले प्रारूप को देखे बगैर : उसे मैं अपने साथ ले ही नहीं गया था। रानीखेत का असर था या मेरे अन्दर चल रही आलोचना का, दोबारा लिखते समय मैंने बीरू की आँख से ही उसके परिवार और परिवेश को आँकना शुरू कर दिया, जिसका एक परिणाम तो यह हुआ कि उपन्यास में कसाव आ गया, शिद्दत और संक्षिप्तता आ गई, और दूसरा यह कि उपन्यास का फ़ोकस बाहर से हटकर भीतर चला गया। भाषा में भी एक ताज़गी-सी आ गई। घने दुख और दर्द के बीचोंबीच बीरू की उदास मुस्कराहट के नीले-पीले फूल खिल उठे। मैं दोपहर

होने तक कुछ घंटे *उसका बचपन* पर काम करता और फिर एक थैले में बीअर और खाने का कुछ सामान लेकर पहाड़ी सैर पर निकल जाता और काफ़ी देर बाद होटल माउंटव्यू लौटता। उस एक-डेढ़ महीने में उपन्यास ख़त्म भी हो गया, श्रीपत राय (जो वहीं रानीखेत में ही थे) द्वारा पढ़ भी लिया गया और सरस्वती प्रेस के लिए स्वीकार भी कर लिया गया। वैसी तेज़ 'सफलता' मुझे उसके बाद नसीब नहीं हुई। अब मुझे हैरानी होती है कि रानीखेत जैसी शान्त और जानलेवा हद तक ख़ूबसूरत जगह में बैठकर मैंने *उसका बचपन* जैसा संगीन और दर्द-सना उपन्यास लिखा, लेकिन साथ यह ख़याल भी आता है कि शायद रानीखेत ने ही उसकी भाषा को एक उदास-सी सुन्दरता, कोमलता और चमक दे दी हो, प्रयोगात्मक रंग दे दिया हो। रानीखेत मुझे बहुत प्यारा है। अब आप अपने पहले उपन्यास के बारे में बताइए।

सोबती : बेशक रानीखेत बहुत सुन्दर है। मैं पहली बार गई तो 'नोरटन' में ठहरी और दूसरी बार 'वेस्टव्यू' में। वहाँ से कुछ पत्र मैंने सुषी को लिखे जो 'कल्पना' में प्रकाशित हुए थे। उन दिनों 'कल्पना' में प्रकाशित होना अपने में कितना आत्मविश्वास जगाता था!

रानीखेत में नोरटन की एक दिलचस्प बात आपसे बाँटना चाहती हूँ। मैं और छोटे भाई जगदीश नोरटन में ठहरे तो एक शख़्स के चार चेहरे देखकर हैरान हुए।
एक चेहरा रिसेप्शन पर देखा जाता–लगभग उसी से

मिलती-जुलती शक्ल हमें ब्रेकफ़ास्ट सर्व कर रही होती। हम सोचने लगे—ज़रूर जुड़वाँ होंगे। शाम की चाय वेटर की पोशाक में और रात डिनर पर गले में काली बो—जितने में हम कॉफ़ी लें—उतने में वह रूम बेयरा की पोशाक में पानी की थरमस रख मुस्तैदी से पूछते—साहिब अँगीठी तो न चाहिए होंगी।

जी नहीं। शुक्रिया।

एक दिन सुबह-सुबह उन्हें रिसेप्शन पर देख हमने पूछ ही लिया—क्यों साहिब आप एक ही हैं कि जुड़वाँ, वह ज़रा मुस्कराया—यही समझिए साहिब इस ऑफ़ सीज़न में मुझ एक के ही चार चेहरे हैं।

मैंने अपना पहला उपन्यास 'चन्ना' शाहजानपुर में लिखा। फ़ैक्टरी इस्टेट शाहजानपुर का बंगला नम्बर-2 को भला कहाँ भूल सकती हूँ। तब का लिखा उपन्यास अभी भी भुरभुराती प्रेस कापी की शक्ल में मेरे पास रखा है। हाँ पहले उपन्यास के वक़्त सिर पर लेखक होने का रौब ख़ूब ग़ालिब रहता है। रात को काम करती, सुबह देर से उठती और शनीचर इतवार का इन्तज़ार करती। शनीचर शाम ओर्डिनेंस क्लब में तम्बोला खेलने में ख़ूब दिलचस्पी थी—मगर कभी कुछ नहीं जीता! दूसरा शगल था बैडमिंटन। और बीच-बीच में लखनऊ के चक्कर! लिखा भी तो ऐसा पहला उपन्यास कि जिसे भारती भंडार ने प्रकाशन के लिए स्वीकृति दी, लीडर प्रेस में गया। आधे फ़र्मे छपे मगर प्रकाशित न हुआ।

उस कहानी को तो छोड़ें। हाँ *ज़िन्दगीनामा* शुरू करने के लिए मैंने चुना नैनीताल। जब भी जाती ग्रैंड होटल में ही रुकती। सुविधाजनक लोकेशन। पास ही नैनीताल क्लब। होटल के नीचे ही बुक शॉप, डॉक्टर, कैमिस्ट और जूतों की दुकान। पहाड़ पर भला और क्या चाहिए। अगस्त में ख़ूब बारिश होती। मुझे बहुत भाती। सुबह नाश्ते के बाद तल्लीताल तक जाती। अख़बार लेती और लौटकर लाउंज में कॉफ़ी पीती। धूप निकलती तो नैनीताल क्लब! मेरी मेज़ पर पड़े कागज़ पैन काफ़ी दिन इंतज़ार में रहे। मुझे उपन्यास शुरू करने की कोई जल्दी न थी। होटल के रेट ऑफ़ सीज़न थे।

एक शाम चाय आई तो मेज़ पर गुलदान देखा। गुलाब के फूल इतराते नज़र आए। कुछ देर बरामदे में खड़ी ताल को देखती रही फिर कमरे में लौटी। पार्कर पैन उठाया और 'चन्ना' का नया रूप 'ज़िन्दगीनामा' शुरू हो गया। 'दिलो–दानिश' देहली में ही लिखा। हाँ 'ऐ लड़की' का पहला ड्राफ़्ट मैंने पहलगाँव में किया। पहाड़ आपके काम और आराम में कुछ ऐसा सन्तुलन कर देते हैं कि आप अपने में एक ताज़ा रचाव महसूस करते हैं।

वैद : बहुत ख़ूब! *उसका बचपन* के बारे में इतना लम्बा बहक लेने के बाद मुझे *गुज़रा हुआ ज़माना* के बारे में कुछ तो और कहना ही चाहिए। उसमें बीरू कुछ बड़ा हो जाता है और अपने घर के घेरे से बाहर

की दुनिया को देखता और परखता है। विभाजन की सम्भावना और फिर तारीख़ ज्यूँ-ज्यूँ क़रीब आती जाती है, उस क़स्बे की फ़िज़ा में तनाव और बिगाड़ आता जाता है। *उसका बचपन* की घरेलू हिंसा के बजाय *गुज़रा हुआ ज़माना* में साम्प्रदायिक हिंसा केन्द्र में आ जाती है। बीरू के साथ उसके दोस्त भी उपन्यास के ज़मीर की भूमिका अदा करने लगते हैं। ह्यूमर यहाँ भी है–उतना ही काला, उतना ही उदास, जितना *उसका बचपन* में। आत्मानुभव से दूरी कुछ और बढ़ गई है। *उसका बचपन* पर अगर रानीखेत की पाकीज़ा सुन्दरता और ख़ामोशी का साया था तो *गुज़रा हुआ ज़माना* पर उस छोटे से अमरीकी क़स्बे (पॉट्स्डैम) की बर्फ़ीली ख़ामोशी और सुन्दरता का, जिसका ज़िक्र मैं पहले कर चुका हूँ।

अपने बारे में बहुत बोल चुका। बस एक बात और *बिमल उर्फ़ जाएँ तो जाएँ कहाँ* के सन्दर्भ में कहना चाहता हूँ, आपसे, क्योंकि जब उसे रद्द किया जा रहा था और मुझ पर दबाव डाला जा रहा था कि मैं उसमें कुछ परिवर्तन कर दूँ तो आप उन दो-तीन दोस्तों में से एक थीं जो मेरा साथ दे रहे थे–श्रीकान्त वर्मा और बदरीविशाल पित्ती के अलावा। हाँ, तो *बिमल* के बारे में मैं यह कहना चाहता हूँ कि उसे लेकर प्रकाशकों से मेरी जो टक्कर हुई थी उसमें अगर औरों ने भी मेरा साथ दिया होता तो मुझे वैसा अकेलापन महसूस न होता जैसा कि हुआ। मुझे इस बात का धीमा-सा गर्व है कि अकेले

पड़ जाने के बावजूद मैं अपनी बात पर अडिग रहा और मैंने किसी भी दबाव में आकर कोई परिवर्तन उसमें नहीं किया। आपको याद होगा, उसके एक ड्राफ़्ट की एक प्रति आपको भी दी थी। शायद अभी तक आपके काग़ज़ों में ही दबी पड़ी होगी।

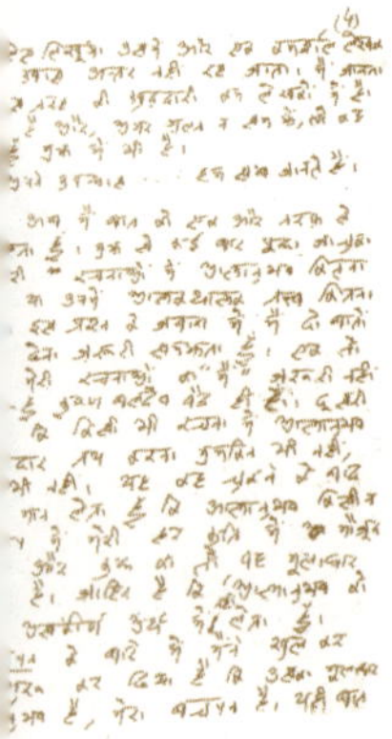

सोबती : मेरे पास अभी भी है। के.बी. जब मैंने पहली बार *बिमल उर्फ़ जाएँ तो जाएँ कहाँ* का पाठ पढ़ा तो मुझे उपन्यास के टैक्स्ट के साथ-साथ उसके शीर्षक में 'उर्फ़' का शब्द ख़ासा महत्त्वपूर्ण लगा। उसमें दिलचस्पियों की ढेर सम्भावनाएँ भी जगीं। दूसरी बात आपकी लिखावट भी बहुत विलक्षण लगी। कहा जाता है कि लिखावट लिखनेवाले के व्यक्तित्व को प्रतिबिम्बित करती है?

वैद : कृष्णा, आप शायद ठीक ही कह रही हों, मैं अपनी लिखावट के बारे में यही कह सकता हूँ कि वह *बिमल उर्फ़* के दौर के बाद काफ़ी बदल गई है, अब उतनी अटपटी और कच्ची नहीं जितनी शुरू-शुरू में थी। और यह तो है ही कि मैंने शुरू के कुछ वर्षों में उर्दू में लिखा, क्योंकि तब मैं उर्दू में ही लिख सकता था। इसलिए मेरी देवनागरी लिपि में उर्दू-फ़ारसी की तराश भी दिखाई दे सकती है।
इस पर अधिकार से तो कोई माहिर ही कुछ कह सकता

पैसों के लिए लिखूँगा। उसमें और एक कमर्शल लेखक में कोई ख़ास अन्तर नहीं रह जाता। मैं जानता हूँ कि इस तरह की ख़ुद्दारी कम लेखकों में है। आप में है और, अगर ग़लत न समझें, तो कह सकता हूँ मुझ में भी है।

है, लिखावट का माहिर, लेकिन लिखावट में लिखनेवाले के चरित्र की कुछ झलक तो आ ही जाती होगी। मैं काफ़ी खुला-खुला लिखता हूँ, काग़ज़ों के मुआमले में काफ़ी फ़िज़ूलख़र्च हूँ।

शीर्षक में 'उर्फ़' के इस्तेमाल के बारे में आपने जो कहा उससे मुझे याद आया कि वह पूरा शीर्षक मुझ पर कैसे कौंधा था। मैं उन दिनों बॉस्टन के पास वाटरटाउन नाम के एक शहर में रह रहा था और ब्रेंडाइज़ यूनिवर्सिटी में पढ़ा रहा था। बॉस्टन में एक कांफ़्रेंस हो रही थी जहाँ मुझे गोपीचन्द नारंग मिल गए। उन्होंने रस्मी-सा सवाल पूछा—आजकल क्या लिख रहे हैं? मैंने जवाब दिया—एक नॉवल लिख रहा हूँ। वे बोले—उनवान क्या है? उस वक़्त तो मेरे ज़ेहन में वर्किंग टाइटल के तौर पर *बिमल* ही था, लेकिन उनके सवाल के जवाब में मेरे मुँह से बेसाख़्ता निकल गया—उनवान है *बिमल उर्फ़ जाएँ तो जाएँ कहाँ।*

एक फ़िल्मी गाना हुआ करता था, 'जाएँ तो जाएँ कहाँ,' जिसे मैं गुनगुनाया करता था। मेरा शीर्षक उसी गाने में

से उड़ आया था मेरे पास, लेकिन नारंग के पूछने पर क्यों, मैं कह नहीं सकता।

सोबती : क्या आप बताना पसन्द करेंगे कि जब आपने *बिमल* लिखा तो आपकी मन:स्थिति क्या थी? इसके पाठ ने मुझमें ढेरों दिलचस्पियाँ जगाईं। आपके इस उपन्यास में कुछ ऐसी व्यंग्य-भरी परिपक्वता है जो गम्भीरता से ही उभरती है।

वैद : *बिमल उर्फ़ जाएँ तो जाएँ कहाँ* लिखने से पहले मैं बिमल (चरित्र) के इर्द-गिर्द तीन कहानियाँ लिख चुका था, शायद 1961 और 1965 के बीच। उन कहानियों के शीर्षक थे– 'समाधि', 'एक था बिमल', 'बिमल, कॉफ़ी हाउस और बुनियादी सवाल।' 'समाधि' अमृत राय द्वारा सम्पादित 'हंस' (1962) में प्रकाशित हुई, 'एक था बिमल', 'नई कहानियाँ' (मई, 1962) में, और 'बिमल कॉफ़ी हाउस और बुनियादी सवाल', 'कल्पना,' (सितम्बर, 1965) में। तब मैं यहीं हिन्दुस्तान में ही था–1961 में हार्वर्ड यूनिवर्सिटी से पी-एच.डी. की डिग्री लेकर लौटा था और एक साल हंसराज कॉलिज, दिल्ली, में अपनी पुरानी नौकरी पर रहने के बाद पंजाब यूनिवर्सिटी, चंडीगढ़, चला गया था और वहाँ 1962 से लेकर 1966 तक अंग्रेज़ी विभाग में रीडर के तौर पर रहा था। यह सब मैं आपको इसलिए बता रहा हूँ ताकि इस बात को

साफ़तौर पर स्थापित कर सकूँ कि *बिमल* का भूत मुझ पर बहुत पहले सवार हो गया था। वे तीनों कहानियाँ दिल्ली और चंडीगढ़ में लिखी गई थीं। फिर जब मैं 1966 में चंडीगढ़ छोड़कर अमेरिका चला गया तो भी *बिमल* का भूत मेरे सर पर सवार रहा और दो साल बाद 1968 में मैंने *बिमल उर्फ़ जाएँ तो जाएँ कहाँ* लिखना शुरू कर दिया। इस शीर्षक की कहानी मैं आपको सुना चुका हूँ। उपन्यास लिखने के दौरान बिमल के इर्द-गिर्द बुनी हुई उन तीनों कहानियों का समावेश उपन्यास में हो गया–विस्तार और परिवर्तन के बाद।

वे तीनों कहानियाँ और फिर उपन्यास लिखते समय मैं आज़ादी के बाद की दिल्ली में रह रहे एक नौजवान प्राध्यापक और लेखक की बेचैनी और उलझी-उखड़ी हुई मनःस्थिति और ज़िन्दगी का चित्रण करने की कोशिश कर रहा था। और उस चरित्र के इर्द-गिर्द की उखड़ी हुई और कई प्रकार की उत्तेजनाओं से आक्रान्त दिल्ली का भी। वह उलझाव और उखड़न और उत्तेजना मैं अपने जीवन और चिन्तन में तो अनुभव कर ही रहा था, अपने आसपास के जीवन और चिन्तन में भी महसूस कर रहा था। इस तरह बिमल का चरित्र मेरे अनुभव और मुशाहिदे में से फूटकर मेरी कल्पना पर हावी होता चला गया था, और उसी ऑब्सेशन में से वे तीन कहानियाँ और वह उपन्यास निकले थे।

उपन्यास लिखते समय मैं शारीरिक तौर पर तो अमेरिका

में रह और अंग्रेज़ी साहित्य पढ़ा रहा था लेकिन मानसिक तौर पर मैं दिल्ली की सड़कों और गलियों और बाज़ारों और कॉफ़ी हाउसों में भटक रहा था–बिमल के साथ-साथ। बिमल धीरे-धीरे मेरे ज़ेहन में एक पूरी पीढ़ी का प्रतीक बन गया था–एक उखड़ी हुई, दिशाहीन, लेकिन ज़हीन पीढ़ी का प्रतिनिधि जिसकी तड़प और बेचैनी और कुंठाओं और बग़ावतों में मुझे एक पूरी युवा पीढ़ी प्रतिबिम्बित होती दिखाई देने लगी थी।

बिमल उर्फ़ की भाषा में भी वह हलचल और शिद्‌दत और शरारत है जो बिमल की चेतना में। इस उपन्यास की भाषा बिमल की चेतना की भाषा है। और इस उपन्यास की संरचना में बिमल की मानसिक संरचना देखी जा सकती है। संक्षेप में यही कि *उसका बचपन* के बाद *बिमल उर्फ़ जाएँ तो जाएँ कहाँ* में मैंने एक बेचैन और बाग़ी और उलझे हुए नौजवान बुद्धिजीवी लेखक का चरित्र उभारने का प्रयास किया था, और उस चरित्र के माध्यम से एक पीढ़ी का सांकेतिक चरित्र-चित्रण करने का भी।

सोबती : रचना के कथ्य में कोई भी 'मैं' कितना 'मैं' है और कितना 'मैं' नहीं है इसकी जाँच-पड़ताल करना तो बहुत दिलचस्प है मगर कठिन भी। यह एक ऐसी प्रक्रिया है जो लगातार रचना के रासायनिक तत्त्वों में शुमार की जा सकती है। लेखक जब रचना में अपने को

स्थित करता है तो रचना में अपनी वैचारिक उपस्थिति दर्ज करता है। अपनी आन्तरिक सोच को पुख़्ता करता है। ऐसे रचनाकार भी हैं जो अपने से अलग हो अपने को देखने के आदी नहीं। वह रचना द्वारा ऐसा रंग भरते हैं जो उनके व्यक्तित्व के अनुरूप हों। यह सही है कि रचना के सन्दर्भों में बहुत कुछ परिवर्तन होता है–नुकीला बना लिया जाता है। रंग रूप में बदल दिया जाता है। सही मायनों में ट्रांसफ़ोर्म कर लिया जाता है। मेरा अनुभव है कि भाव, विचार में शब्द को व्यक्त करते ही भाव और विचार में कुछ नफ़ी हो जाता है और कुछ जमा हो जाता है। गुणा हो जाता है। इसी से जुड़े दूसरे मुद्दे की ओर बढ़ूँगी, जब एक ही लेखक में दो व्यक्तित्व, दो रंग, दो शैलियाँ और दो मुहावरे प्रकट होते हैं। इस स्थिति से मैंने साक्षात्कार किया जब अपनी स्टडी में मुझे 'हशमत' की उपस्थिति का आभास हुआ। मैं किसी और को नहीं ख़ुद अपने से ही इस व्यक्तित्व का आरपार ले रही थी। 'हशमत' का पहला टुकड़ा लिखते हुए मुझे क़तई नहीं लगा कि मैं अपने से कहीं दूर हूँ या अपने पर किसी दूसरे को आरोपित कर रही हूँ। जिस भाषायी मुहावरे में हशमत का मुखड़ा उघड़ा वह मेरे लिए न नया था और न ही पराया। यह मेरे निकट मेरी सामाजिकता का पर्यावरण था जिसे मैं निरन्तर जी रही थी और अपनी चेतना में सहज समेटकर अंकित कर रही थी। मुझे उसकी लिखित में कुछ भी न नया

लगा, न अनोखा। न सोच कहीं से उधार पर उठाई गई थी और न ही उसका शाब्दिक विन्यास। यह सोबती का पुनरान्वेषण भी नहीं था।

यह राजधानी में रचे-बसे व्यक्तित्व की सामाजिक बहु-स्तरीयता का ही नागर स्वरूप रहा होगा। यही कारण है कि अपने में, अपने एकान्त में, अपनी मेज़ पर 'हशमत' की उपस्थिति मुझे क़तई अटपटी नहीं लगी। दोनों में कोई ऐसा अन्तर्विरोध नहीं था जिसे मुझे सुलझाना था। एक अचरज ज़रूर घटा कि 'हशमत' की पहली पंक्ति के साथ ही सोबती की लिखावट से हशमत की लिखावट भिन्न हो गई। सोबती के अक्षर दाएँ से बाएँ और हशमत के बाएँ से दाएँ।

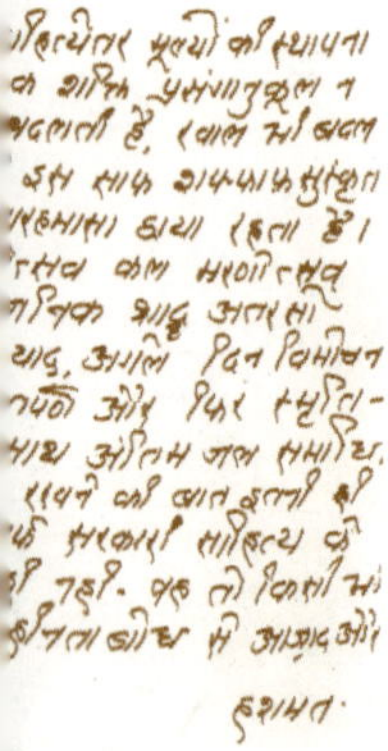

भगवतीचरण वर्मा के पत्र की लिखावट में यह शैली देखी। मुझे बहुत भायी। इसलिए और भी कि मुझे शब्द सँजो लेने के बाद ऊपर लकीर देने में हमेशा आलस महसूस होता।

मैंने *विचार* के सम्पादक भगवतीचरण वर्मा का पहली बार पत्र पढ़ा तो मुझे उनके अक्षरों की बनावट और लिखाई दोनों सहज रूप से भाए। मैंने अपनाया तो आँख को दोनों काफ़ी समान लगने लगीं। पर मुझे अपने और वर्माजी के अक्षरों का फ़र्क़ मालूम पड़ रहा था। पार्कर पैन से लिखने पर भी अक्षरों को दबाव से लिखने का विन्यास वर्माजी का अपना था।

मैंने वर्माजी से बहुत कुछ सीखा। वह न सिर्फ़ 'विचार'

साहित्य पर साहित्येतर मूल्यों की स्थापना की यह प्रेरक शक्ति प्रसंगानुकूल न सिर्फ़ रंग बदलती है, खाल भी बदल लेती है। वैसे इस साफ़ शफ़्फ़ाफ़ सुर्ख़ा मोड़ पर बारहमासा छाया रहता है।

जैसी पत्रिका के सम्पादक थे, जिसमें मेरी पहली कहानी 'लामा' प्रकाशित हुई थी, वह उन दिनों उपन्यास सम्राट भी कहलाते थे। मैंने उनका उपन्यास 'चित्रलेखा' तो पढ़ ही रखा था, फिर उनके बाक़ी उपन्यास भी पढ़े। दिल्ली में मेरे एक जन्मदिन पर भगवतीचरण वर्मा, अज्ञेय, बालकृष्ण शर्मा 'नवीन' और बम्बई के डॉ. मोतीचन्द मौजूद थे।

वर्माजी ने मुझे पार्कर पैन पेंसिल का सैट भेंट किया और परिवार से मुझे शैफर पेन मिला।

उन दिनों वर्माजी की एक कविता बहुत मशहूर थी। हम दीवानों की क्या हस्ती। इसी की तर्ज़ पर मैंने एक लम्बी कविता भी लिखी।

दो भागों में प्रकाशित कृति के रूप में पाठकों ने 'हम हशमत' पसन्द किया पर अपने जिन लेखक मित्रों की जो सामाजिक, साहित्यिक ट्रांसपेरेंसीज़ हशमत ने प्रस्तुत कीं—उनकी कोई न कोई शिकायत बनी रही। मैंने साहित्यिक उलाहना समझकर उसे स्वीकार किया।

हालाँकि मैं गहरे में समझती थी कि मेरे दोस्तों को परेशानी क्यों हुई।

हाँ मुझे विस्मय तब हुआ जब सुधीश पचौरी ने 'नामवर के विमर्श' से 'हशमत' के टुकड़े को बाहर रखा। मसला शायद साहित्यिक राजनीति का होगा या इसे शामिल करना पुरुष साहित्यकारों की मर्यादा के विरुद्ध जाता होगा।

वैद : हशमत के बारे में आप जो कह रही हैं, बहुत दिलचस्प है। उसे वाक़ई आपने एक अलग अस्मिता दे दी है, अपनी कल्पना के कमाल से। लेकिन मैंने यह नहीं सोचा था कि उसकी लिखावट भी आपकी लिखावट से अलग होगी। आपके रचे हुए हशमत को जब मैंने पहली बार देखा तो मुझे अंग्रेज़ी लेखिका जॉर्ज एलियट और फ्रांसीसी लेखिका जॉर्ज सैंड का ख़याल आया था, और मैं बहुत ख़ुश हुआ था कि आप हशमत के माध्यम से शायद यह संकेत भी दे रही हैं कि लेखक एंड्रॉजिनस (नर भी, मादा भी) होता है। वर्जिनिया वुल्फ़ ने भी बहुत पहले यह बात कही थी। और आजकल तो बहुत से लोग और विचारक-लेखक यह बात कह रहे हैं। आपने हशमत को रचकर नर और मादा के आपसी भेद और व्यवधान को कम किया है—कुछ गँवाए या खोए बग़ैर। क्योंकि आपने मुझ पर लिखे हशमतीय टुकड़े के सिलसिले में मेरी प्रतिक्रिया की ओर भी इशारा किया है, इसलिए मैं इस सिलसिले में कुछ कहे बग़ैर नहीं रह सकता। मैंने आपको अपने एतराज़ के बारे में

अमेरिका से लिख भी दिया था और बाद में आपसे मिलने पर आपसे जो कहना चाहता था, कह भी दिया था। रिकार्ड के लिए यह दर्ज कर देना मुझे ज़रूरी लगता है कि मैंने अपने एतराज़ को सार्वजनिक मुद्दा नहीं बनाया। इसीलिए इस बारे में मैं यहाँ और कुछ नहीं कहूँगा।

सोबती : के.बी. आपका शुक्रिया करूँगी क्योंकि हशमत को लेकर आश्वस्त हुई हूँ। जब सराहना पसन्दीदा रचनाकार से मिले जो अपना समकालीन भी हो तो उसे उपलब्धि के रूप में लिया जा सकता है। रचनाकार की रचना की आलोचना और प्रशंसा दोनों ही उसे चौकस होने को गहरे संकेत देते हैं। यह लेखक के निकट मात्र आश्वस्त होने का बहाना ही नहीं, उसकी सीमाओं और क्षमताओं दोनों की जाँच-पड़ताल भी है। यही लेखक को चौकस रखते हैं। आलोचकों की उपस्थिति इस सन्दर्भ में इसीलिए महत्त्वपूर्ण है। आलोचक लेखक को अपने ऊपर आँख रखने का प्रशिक्षण भी देते हैं और रचनाकार को आगाह करने के लिए रचनात्मक जाँच का मौक़ा भी। आलोचक लेखक की रचनाओं में से चुनकर एक ऐसी भाषा का विस्तार करते हैं जो लेखकीय आत्मविश्वास को सुलभ हो।

कई बार आप अपनी सोच को दूसरों की पंक्तियों में पढ़ते हैं। अचरज करते हैं कि जिसे हम निरन्तर महसूस

करते रहे हैं और शब्द नहीं दे सके, उसे दूसरे ने इतने कौशल से व्यक्त कर दिया है। मैं लेखक और पाठक के रूप में अपनी मानसिक सम्पन्नता में एक बड़ा हिस्सा लेखक मित्रों की रचनात्मक प्रज्ञा का भी मानती हूँ।

आपकी प्रतिक्रिया पर मैं भी इस मसले पर काफ़ी गम्भीरता से सोचती रही हूँ। आपका ध्यान इस ओर ज़रूर दिलाना चाहूँगी कि इसका कारण उन दिनों मुझ द्वारा 'बिमल उर्फ़ जाएँ तो जाएँ कहाँ' को पढ़ना और मज़ा लेना भी हो सकता है। शायद यह सम्मिश्रण ही एक-दूसरे को उलाँघ गया है। विनम्रतापूर्वक इतना ही कि ऐसे मामलों में न तो माफ़ी माँग लेने से काम चलता है और न माफ़ कर देने से।

आज़ादी शम्मोजान के बहाने आप से कुछ बाँटना चाहती हूँ। 15 अगस्त की रात जब रेडियो पर देश की आज़ादी का ऐलान किया गया तो सरहद पार से आए रिश्ते-नाते बँटवारे के जख़्मों के बावजूद आँखें भर-भर लाए। हम में से हर कोई यह जानता था कि यह वह क्षण है—वह लमहा है जो क़ौम और देश के इतिहास में शताब्दियों के बाद आया है। जवाहरलाल नेहरू की आवाज़ हर हिन्दुस्तानी के दिल-दिमाग़ को छूती हुई उसके भूगोल और इतिहास पर स्थित हो गई है।

सुचेता कृपलानी और साथियों ने जब पहली बार आज़ाद देश में सस्वर राष्ट्रीय गान गाया तो हर भारतीय की रूह में नई शक्ति का संचार हुआ। आज़ाद देश का

शहरी होने का अहसास जगा। लाखों शरणार्थियों के होने के बावजूद देश की राजधानी बत्तियों से जगमगा रही थी। जड़ों से उखड़े लोगों के दिलों में अँधेरे थे–फिर भी कहीं कुछ था जिसने मार-काट और घर-बाहर प्रियजनों के खो देने के बावजूद हर किसी को आज़ादी के पर्व से जोड़ दिया था।

अगले दिन हम बहन-भाई, चचेरे, मौसेरों ने
जश्ने-आज़ादी देखने के लिए बड़ों को मना लिया।

सावधानी की हिदायतों के साथ हमें पुराने वफ़ादार नौकर के साथ कर दिया गया। ताँगे ने दिल्ली दरवाज़े पर उतार दिया। वहाँ से दरियागंज होते हुए हम लालक़िला पहुँचे। जामा-मस्जिद पर रोशनी की कुछ बत्तियाँ झूल रही थीं। मगर उदास लगती थीं। सड़कों पर भीड़ का समन्दर था। क़दम उठाकर चलने की ज़रूरत नहीं थी। पीछे से आते रेले से पाँव ख़ुद-ब-ख़ुद सरक रहे थे।

लालक़िले और गुरुद्वारा शीशगंज के मुख्यद्वार जगमगा रहे थे। चाँदनी चौक और परेड-ग्राउंड से आती सड़क के किनारे भीड़ों के ठठ के ठठ। वीरान घायल चेहरे स्वाधीनता के हिज्जे कर रहे थे। ट्राम की पटरी के पास भीड़ ने एक गोल-सा बना रखा था। एक-दूसरे का हाथ पकड़े हम भी पहली क़तारों में जा पहुँचे।

एक शरणार्थी बच्चा जिसके कन्धे और बाँह पर लुगगड़ और पट्टी बँधी थी गा-गाकर पैसे इकट्ठा करने की कोशिश में था।

जय जय जवाहरलाल
तुमने कर दिया क्या कमाल
धरती फाड़ पंजाब की
तुमने दे दिया हमें रुमाल
कि जाओ आँखें पोंछो

के.बी. वह चेहरा कभी नहीं भूल सकती। अगले दिन हम सीताराम बाज़ार से होते हुए काज़ी हाउस पहुँचे और वहाँ से बर्न-बोस्टन की ओर मुड़ गए। चावड़ी बाज़ार की सूरतें-मूरतें अब यहाँ आबाद थीं। छज्जों पर बैठी थीं दिल्ली की वारांगनाएँ और छतों पर तिरंगे लहरा रहे थे और इमारतों पर झंडियाँ।

कुछ याद नहीं, उस वक़्त मुझे कैसा लगा और मैंने क्या सोचा। बरसों बाद मैंने यह कहानी 'आज़ादी शम्मोजान की' लिखी।

वैद : अपनी जिस कहानी की आप बात कर रही हैं, वह मैंने नहीं पढ़ी, पढ़ना चाहूँगा, लेकिन आपने जी.बी. रोड को लेकर एक कहानी लिखी, यह जानकर मुझे हैरानी नहीं हुई। आपने दिल्ली को क़रीब से देखा है, उस 'वर्जित' इलाक़े को भी देखा है, और उसके बारे में लिखा है–यह जानकर मैं चकित नहीं हुआ, आश्वस्त ज़रूर हुआ। जहाँ तक मेरी बात है मैंने *बिमल उर्फ़* का अन्त जी.बी. रोड में हुए विडम्बनात्मक 'समाधान' पर जान-बूझकर किया था–बिमल की बेचैनी और

बग़ावत (वह नौकरी से त्यागपत्र देकर दिनभर भटकते रहने के बाद शाम को जी.बी. रोड पहुँच जाता है।) का 'समाधान'। उपन्यास के अन्तिम खंड का नाम ही 'समाधान' है और उसमें कई उपन्यासकारों की शैलियों की पैरोडी पेश की गई है। *बिमल उर्फ़* में विडम्बना की व्याप्ति शुरू से आख़िर तक है।

कृष्णा, अब मैं बात को एक और तरफ़ ले जाना चाहता हूँ। मुझसे कई बार पूछा जा चुका है कि मेरी रचनाओं में आत्मानुभव कितना होता है या उनमें आत्मकथात्मक तत्त्व कितना होता है। इस प्रश्न के जवाब में मैं दो बातों पर ज़ोर देना ज़रूरी समझता रहा हूँ। एक तो यह कि मेरी रचनाओं का 'मैं' ज़रूरी नहीं कि हू-ब-हू कृष्ण बलदेव वैद ही हो। दूसरी बात यह कि किसी भी रचनाकार में आत्मानुभव की मिक़दार तय करना मुमकिन भी नहीं, ज़रूरी भी नहीं। यह कह चुकने के बाद मैं यह मान लेता हूँ कि आत्मानुभव किसी-न-किसी रूप में मेरी हर कृति में मौजूद रहता है और कुछ का तो वह मूलाधार भी होता है। ज़ाहिर है कि 'आत्मानुभव' को मैं एक संकीर्ण अर्थ में नहीं लेता हूँ। *उसका बचपन* के बारे में मैंने अब खुलकर कहना शुरू कर दिया है कि उसका मूलाधार मेरा अनुभव है, *मेरा बचपन है,* यही बात मैं *गुज़रा हुआ ज़माना* के बारे में भी कह सकता हूँ। और यही बात किसी-न-किसी हद तक शायद मेरी हर रचना के लिए प्रासंगिक हो। इसके बावजूद *उसका बचपन* और

गुज़रा हुआ ज़माना के अलावा मैं अपनी किसी अन्य कृति को 'शुद्ध' या 'सम्पूर्ण' आत्मकथात्मक कृति नहीं कहूँगा। वह तो ख़ैर मैं *उसका बचपन* और *गुज़रा हुआ ज़माना* को भी नहीं कहूँगा क्योंकि उनमें भी कल्पना की दी हुई 'अशुद्धता' और 'असम्पूर्णता' है। अब आपसे मेरा प्रश्न है कि अगर आपसे आत्मानुभव को लेकर या इस क़िस्म का प्रश्न पूछा जाए तो आपका जवाब क्या होगा?

सोबती : आप कहीं मेरा इम्तहान तो नहीं ले रहे। अगर हाँ तो भी मैं अपनी प्रतिक्रिया दूँगी। मेरे निकट यह बात साफ़ है कि आत्मकथा आत्म-अनुभव, लेखक की आन्तरिक भाषा और वृत्तान्त बुनने का कच्चा माल सभी मिलकर अपने समय, काल, व्यक्ति और समाज के साँझेपन में अभिव्यक्ति के रूप में प्रवाहित होते हैं। लेखक अपने मनोविज्ञान के अनुरूप कथ्य, शैली और शिल्प चुनता है। इसके साथ ही लेखक पर लागू हो जाता है पन्नों पर उभरता समय जो पात्रों को, उनकी संवेदनाओं को प्रस्तुत करने को है। लेखक अपनी सम्पूर्ण सामर्थ्य से, अपने रचनात्मक साहस और आत्मविश्वास से अपने ध्यान को वहाँ केन्द्रित करता है।

पाठ में बुनी आत्मकथात्मकता को निथारकर, छानकर अगर हम अलग से देखना चाहें तो वह इतना आसान नहीं, शायद ऐसा करने के लिए कोई वैज्ञानिक प्रयोगशाला ही चाहिए। ख़ासा उलझा हुआ और संश्लिष्ट

मामला है। के.बी. हम सभी जानते हैं कि लेखन मात्र फ़ोटोग्राफ़ी नहीं, देखे हुए और जाने हुए की पारदर्शियाँ नहीं। किसी भी घटित हुई घटना को उठाकर लेखक अपनी अन्तरंग भाषा से, अपने शिल्प और शैली से कथ्य को नए अर्थ देता है, दे सकता है। महत्त्वपूर्ण यह है कि लेखक की आँख कितनी चौकस है और अँधेरे-उजाले में एक साथ कितनी दूर देख सकती है, उसका अनुभव कितना बड़ा है, वह आँख गहरे पैठकर क्या खोज सकती है। लेखकीय मानसिकता की बौद्धिकता और व्यावहारिक सम्भावनाओं को लेकर भी बहुत कुछ कहा जा सकता है। लेखकीय धन्धे की गहराइयों से अनुभव के रूप में एक और विशेषता जुड़ी है। शब्दों में अर्थ जुटाने की और फिर उन्हें खोलने की। आत्मकथ्य कितना और कितना नहीं–इसकी उलझन में न पड़कर मैं 'अनुभव' को लेखन का विशेष तत्त्व मानती हूँ। अनुभव की कमी, रिक्तता को भरने के लिए मात्र कल्पना या वैचारिकता के दर्शन से बहुत कुछ ग्रहण किया जा सकता है, पर कल्पना की उड़ान भी उस रचना को नहीं भर सकती जहाँ अनुभव का सहज सुभीता रचना के बाहर खड़ा रह गया है। एक बात साफ़ कर दूँ कि 'अनुभव' से मेरी मुराद घटित के यथार्थ से नहीं, न ही अपने ऊपर बीते हुए से और न ही स्वयं अपने में अनुभव किए हुए से। अनुभव का दायरा बहुत बड़ा होना चाहिए। एक पंक्ति में समेटने के लिए भी बहुत बड़ा। तभी उससे छनकर

वह शब्द बनता है जिसे हम अर्थ देते हैं।

सच तो यह भी है कि लेखक न सन्त है, न महात्मा। वह एक साधारण जन है जो अपनी सृजनधर्मा रचनात्मकता में असाधारण को खोजता है, अपनी रचनात्मक सामर्थ्य द्वारा उसे प्रमाणित भी करता है। हाँ, जिस प्रश्न की ओर आपका संकेत है उसके सन्दर्भ में इतना ही कहूँगी कि हर व्यक्ति के जीवन से उभरी स्थितियाँ-परिस्थितियाँ एक-सी नहीं होतीं। परिणाम-स्वरूप उसकी शख़्सियत और निगाह भी। यह सभी तत्त्व मिलकर एक अच्छे पाठ को रचने में सहयोग देते हैं।

वैद : कृष्णा, आपने लेखकीय अनुभव के बारे में जो कहा, वह बहुत ख़ूब है, ख़ूबसूरत है। मैं अपनी बात में एक बात और जोड़ देना चाहता हूँ। आत्मानुभव पर आधारित कृति और आत्मकथात्मक कृति में कुछ अन्तर किया या देखा जा सकता है। हेनरी मिल्लर अपने उपन्यासों में जिस 'हेनरी मिल्लर' को रचते हैं या प्रूस्त अपने महान उपन्यास में जिस मार्सल को रचते हैं वे उन दोनों के अपने व्यक्तित्व के बहुत ही क़रीब हैं, लेकिन हू-ब-हू शायद नहीं। फिर भी मिल्लर और प्रूस्त के उपन्यासों को आत्मकथात्मक उपन्यास कहा जा सकता है, कहा गया है—आत्मकथा नहीं, आत्मकथ्यात्मक उपन्यास। कहा जा सकता है कि आत्मानुभव किसी-न-किसी रूप में हर 'आधुनिक कलाकृति में' उपस्थित रहता है।

सोबती : इन दोनों का फ़र्क़ मैं समझती हूँ। पर मैं आत्मन के मुग़ालते में निरन्तर अपने आन्तरिक को ही दोहने में रुचि नहीं रखती।

वैद : बात फिर लेखकीय स्वभाव की भिन्नता पर जा टिकती है। मैं यह भी मानता हूँ कि कुछ बड़े उपन्यासकारों ने ऐसे विषयों पर बड़े उपन्यास लिखे हैं जिनमें उनका निजी अनुभव बहुत ही कम है। ऐतिहासिक उपन्यास इसी ज़ुमरे में आते हैं। और कई भी। मिसाल के तौर पर 'वार एंड पीस'!

सोबती : के.बी. 'वार एंड पीस' को पढ़कर लेखक बहुत कुछ सीख सकते हैं। ऐतिहासिक घटनाओं का ताना-बाना जिस पीठदार पाठ में बुना गया है, मैं उसकी प्रशंसक हूँ।
सीधा-सादा लगनेवाला शब्द 'अनुभव' एक उलझा हुआ संश्लिष्ट शब्द है और एक रासायनिक प्रक्रिया की ओर इशारा करता है। किसी भी व्यक्ति का निज का अनुभव, उसकी जीवन परिस्थितियों और पारिवारिक वातावरण से जुड़ा है। परिवार, प्रियजन, सम्बन्धी नितान्त अपने होते

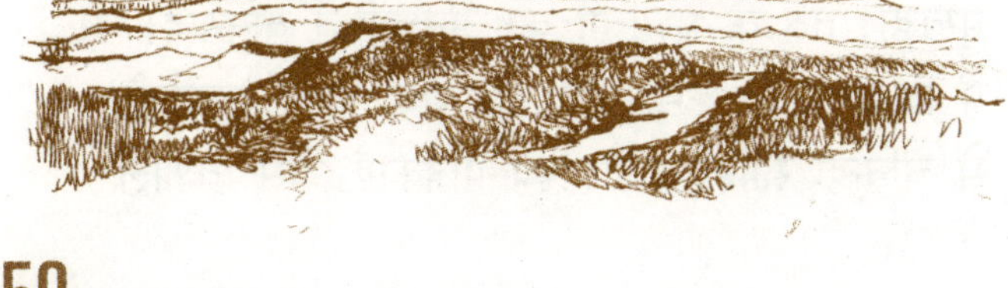

हुए भी हमारे अस्तित्व से अलग हैं। इन सबसे निकटता, प्रेम, प्यार, मनुहार, ईर्ष्या-द्वेष भी हमारे अनुभव से जुड़े हैं। यही बात समाज, देश-काल, पर भी लागू है। हेनरी मिल्लर, लारेंस, नोबोकोव, डरल, आन्द्रे जीद वगैरा मेरी पठनीय सामग्री का हिस्सा रहे हैं। पर आपके अकादमिक सन्दर्भों की तुलना में मैं अपने पाठक को कमतर पाती हूँ। आप एक प्रशिक्षित आलोचक की दृष्टि से उनके कथ्य को देख रहे हैं और मैं उनके पाठ में रचित उन सम्भावनाओं को जिन्हें मैं सराह सकती हूँ। ज़रूरी नहीं कि पढ़ा हुआ 'अनुभव' हमेशा प्रभावोत्पादक रूप से ही उद्‌घाटित हो, हमारी चेतना में प्रवेश करे। हमारे अनुभव को सँवारने और अपने में आत्मसात् करने के लिए उस आन्तरिक भाषा का भी योग है जिसे हम अनजाने ही अपनी सोच और संवेदना का हिस्सा बनाने में सफल होते हैं। सफल होते हैं क्योंकि ग्रहण करने में समर्थ होते हैं।

कुछ मित्रों को मेरी रचनात्मक जिज्ञासाओं का सिरा ढूँढ़ने में मुश्किल होती है। मेरी ओर से मेरे मानसिक पर्यावरण का घनत्व पिछली सदी के तीसरे-चौथे दशक से जुड़ा है। नई दिल्ली और शिमला के वेतनभोगी परिवार में बड़ी हुई। रहन-सहन का नितान्त शहराती मुखड़ा। तब के मध्यवर्ग की अनुशासित बुनियाद। घर में किताबों की कमी नहीं थी। सैक्रेटेरियट लायब्रेरी से चुनिन्दा साहित्य और पत्र-पत्रिकाएँ, जैसे विशाल

भारत, सुधा, मॉडर्न रिव्यू, माया, सरस्वती, माधुरी आदि पत्रिकाओं को डाइनिंग-टेबल पर पढ़ने की मनाही क्योंकि सरकूलेटिंग लायब्रेरी की होती थी और उन पर हाथों से दाग़ लग सकते थे। वतन गुजरात में इससे बिलकुल अलग रंग, गुजरात सोबती स्ट्रीट में सोबतियों की हवेली का पता हमें दिलचस्प लगता है। पुराना क़ीमती फर्नीचर। हमें दिल्ली-शिमला के पी.डब्ल्यू.डी. के फ़र्नीचर की तुलना में न कमतर लगता, न बढ़िया, न ख़ास लगता। दादा साहिब की मोनोग्रामवाली क्रोकरी और छोटी ईंट की हवेली की ढहती इमारत एकसाथ दो विरोधी रंग उभारतीं।

हमारे रहन-सहन, सोच-विचार, सामाजिक सम्बन्धों में राजधनिया शैली। गाँव ज़रूर मुझे 'नयेपन' के लिए यानी पुरानेपन के लिए आकर्षित करता।

जब कभी अपनी ज़मीनों पर जाते या ननिहाल गाँव तो दृश्य बदल जाता। गाय-भैंसें, घोड़े। नाश्ते में वेन्गर्ज़ और डेविको की ब्रैड के बदले रोटी पर मक्खन। दरअसल यह हम नहीं-पिछली शती थी जो हम लोगों को भविष्य का रास्ता दिखा रही थी। सुविधाओं से जुड़ा रहन-सहन, सोच-विचार, मैत्री और सामाजिक सम्बन्धों को जीने की नितान्त नागर शैली।

के.बी. आपको ताज्जुब होगा, लम्बे-लम्बे दशकों में मेरे रहन-सहन में कोई फ़र्क़ नहीं आया! जो लोग मध्यवर्ग को जाने किन-किन पैंतरों से देखते हैं, उन्हें इसकी

मानसिकता की भी पहचान होनी चाहिए। इसने मुझे तो सदा सलीक़ेदार जीवन शैली ही नहीं दी, घटनाओं को, लोगों को समझने का सलीक़ा भी दिया। सही को सही और ग़लत को ग़लत कहने का माद्दा और हिम्मत भी। आज की तारीख़ में यह कितना पुराना सुन पड़ रहा होगा—यह जानती हूँ। पिछली सदी के दूसरे-तीसरे दशक में जिस मध्यवर्ग का उदय हो चुका था, उसकी जड़ों के रूप में पीछे गाँव, क़स्बा, शहर था और सरकारी नौकरियों द्वारा महानगरों की ओर उन्मुख लोग इस वर्ग की बुनियाद थे।

मैं मध्यवर्गी कहलाने में कोई संकोच महसूस नहीं करती। मध्यवर्ग ने हमें कुछ ऐसे सिद्धान्त और मानवीय मूल्य भी दिए जो परिवर्तनों के चलते भी हमारे निकट आज भी अपनी साख बनाए हुए हैं।

वैद : बहुत दिलचस्प, बहुत ही दिलचस्प! कृष्णा, एक और बात कहने की इजाज़त दें तो कहूँ कि हर लेखक, हर कलाकार यथार्थ को (जिसमें आत्मानुभव भी शामिल है, देश और काल भी, इतिहास भी, यानी सब कुछ और सब कुछ नहीं) किसी-न-किसी हद तक 'डिस्टार्ट' करता है—यह 'डिस्टार्शन' लेखन का, कला का, अनिवार्य अंग है। इसी का दूसरा, सुन्दर, नाम कल्पना है। इसलिए अगर 'डिस्टार्शन' को इस अर्थ में लें तो ऐतिहासिक उपन्यास भी शोध पर आधारित होने के बावजूद इससे

अछूते नहीं रहते।

फिर भी उपन्यास में ऐतिहासिक अंश होगा या ऐसा कोई और अंश होगा जिसमें तथ्यों का दख़ल हो, जानकारी की ज़रूरत हो, उसमें लेखक को तथ्यों और जानकारियों के प्रति सतर्क होना ही पड़ेगा। *ज़िन्दगीनामा* में आपने यह सतर्कता बरती है, बहुत अच्छी बात है। लेकिन *ज़िन्दगीनामा* जैसे बड़े उपन्यास की जान उन तथ्यों में नहीं, कहीं और है–उसके मुहावरे में, उसके संगीत में, उसकी संवेदना में, उसके चरित्रों में, उसकी दृष्टि में, उसके शिल्प में। *गुज़रा हुआ ज़माना* का ज़िक्र इसी सिलसिले में करें तो मैं कहूँगा, उसका मूलाधार मेरा अनुभव था और उस अनुभव की अमिट यादें और यन्त्रणाएँ, और उन सबको लेकर फड़फड़ाती मेरी कल्पना। मैंने उस अनुभव के ऐतिहासिक पक्ष को भी अपने अनुभव के आधार पर और उसी की सीमाओं के तहत लिया। यह मेरे उपन्यास की भी एक सीमा कही जा सकती है, मेरे अनुभव की भी, मैं अपनी इस सीमा को स्वीकार करता हूँ और फिर उसी बात पर लौटता हूँ कि कुछ लेखक आत्मानुभव (भले ही वे उसे बहुत विशाल अर्थ में लें) से ही मुख्यत: प्रेरित होते हैं और कुछ परानुभव से भी।

सोबती : आप किन तथ्यों की ओर इशारा कर रहे हैं–मैं समझी नहीं। *ज़िन्दगीनामा* जैसे उपन्यास में अलग

से आरोपित तथ्यों की बात मुझे परेशान कर रही है। वह उस भौगोलिक और ऐतिहासिक कालखंड के निशान हैं जिनमें से होकर उपन्यास उभरता है।

निःसन्देह मैं सचेत थी पर इसलिए नहीं कि मैं अँधेरे में टटोल रही थी। उदाहरण के लिए गाँव के कुछ परिवार बजाजी के लिए बंगाल जाया करते थे। उन्हें बंगाल के गाँवों में कपड़ा बेचने से ही काम था। पर वह अपने आसपास हो रहे से अनजान न रह सकते थे। मैंने उस वक़्त को और बंगाल विभाजन में तोड़फोड़ के प्रसंग को नसीब सिंह को लिखे ख़त में जोड़ दिया। यह न मात्र तथ्य है, न ही जानकारी। सभी मिलकर लेखकीय रचनात्मकता की संज्ञा ग्रहण करेंगे। बंगाल की किसी बड़ी अख़बारी घटना का बहाने से प्रदर्शन नहीं करवाया जा सकता था। सो नसीब सिंह के नाम वह पत्र। पंजाब के गाँव से बंगाल तक की आवाजाही हैरानी की बात नहीं थी। इसी से इत्मीनान से उपन्यास के पाठ में बिना किसी दबाव के स्थित हो गई।

ज़िन्दगीनामा के सन्दर्भ में आपने उसके भाषायी प्रयोग और रिसर्च का ज़िक्र किया है। लेखक को जब किसी ऐतिहासिक कालखंड विशेष को उघाड़ना होता है तो उसे लेखकीय अनुशासन के तहत कुछ सावधानियाँ बरतनी होती हैं। उस समय और समाज के बारे में कुछ ज़रूरी घटनाओं की जानकारियाँ जिसमें आप उपन्यास को स्थित करने जा रहे हैं। समय से पहले और बाद

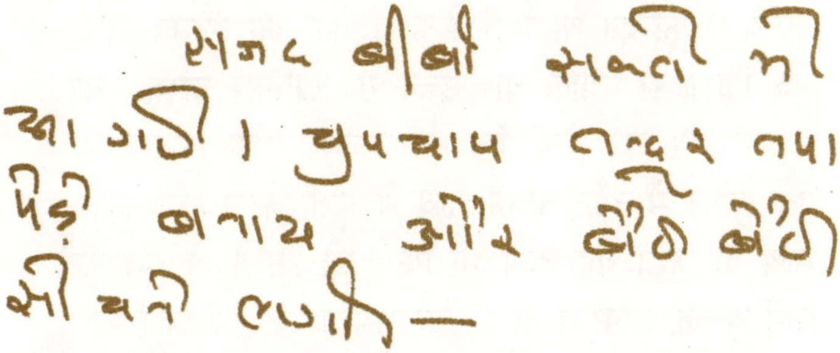

के सार्वजनिक प्रसंगों को भी अनदेखा नहीं किया जा सकता। किसी भी वर्तमान को प्रस्तुत करने से पहले वर्तमान की ओर बढ़ता हुआ अतीत और उस वर्तमान से उभरते हुए भविष्य की सम्भावनाएँ! मैं *ज़िन्दगीनामा* में अपने जन्म से पहले के उस समय को छू रही थी–मैं ग्रामीण समाज की पौद नहीं थी। हालाँकि मेरा ननिहाल गाँव में था और हमारी ज़मीनें भी गाँव में थीं और वह मेरे बचपन के सीमित अनुभव संसार से कुछ दूर था और नहीं भी था–उसे देख लेने में मेरा आग्रह इतना ही था कि पाठ में, कथ्य की बुनत में घटित हो चुके का आकलन ग़लत न हो। अगर कहीं ज़िक्र भी हो तो सार्वजनिक प्रसंगों का सही तालमेल बना रहे। पाठ की शृंखला में कोई भी तथ्य पैबन्द की तरह नज़र न आए। इतनी ही रिसर्च की दरकार मुझे *ज़िन्दगीनामा* से थी। एक अच्छे लेखक को इससे भला संकोच भी क्यों करना चाहिए था।

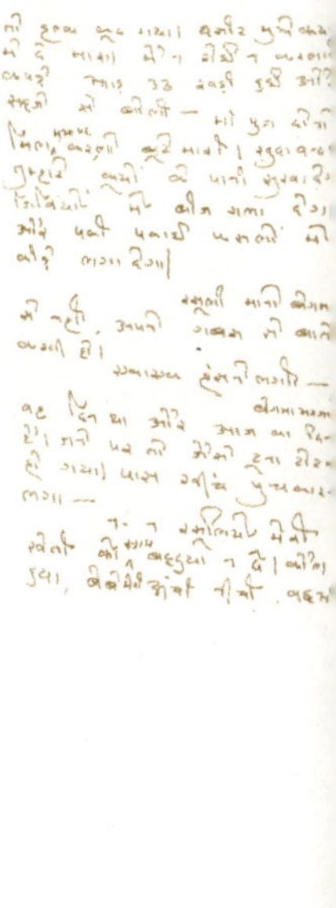

दिलचस्प लगेगा आपको कि मैंने सबसे पहला खाता खोला रेजिमेंटल रिकार्ड्स का। जिस इलाक़े में मेरा

उपन्यास केन्द्रित था वहाँ सेना में भर्ती का औसत अन्य सब ज़िलों से ज़्यादा था। उच्चतम। खेतिहर परिवार की सांधारणतया तर्ज़ ऐसी कि एक बच्चा पुलिस लाइन में, एक फ़ौज में और बाक़ी गाँव में खेती करने को। इसके साथ ही जुड़ा यह तथ्य भी कि दूसरे ज़िलों के मुक़ाबले वहाँ क़त्ल, अपराध और मुक़दमेबाज़ी का आँकड़ा भी काफ़ी ऊँचा था।

मुझे गज़ैटियर से इसे बस सही भर करना था। गुजरात के गज़ैटियर में अंग्रेज़ अधिकारी द्वारा शायद डिप्टी कमिश्नर द्वारा वार्षिक रिपोर्ट में एक बड़ी दिलचस्प एंट्री की गई थी। वह थी उर्दू की किताबों के प्रकाशन की सूची। उसमें शायर इक़बाल की *बाँगे-दरा* का ज़िक्र भी था। यह सूचना मुझे कम महत्त्वपूर्ण नहीं लगी।

मेरा अगला विषय था जम्मू-कश्मीर। गुजरात से इसकी हदें लगी थीं। अपराधी अपराध कर चनाब के रास्ते जम्मू-कश्मीर रियासत में दाख़िल हो जाते थे। वैष्णो देवी और जम्मू-कश्मीर के धुस्से, नमदे, डोगरे और इलाक़े की कश्मीरनें–यह शब्द बातचीत में गूँजते रहते। आपको याद ही होगा, जलालपुर के कश्मीरी और उनकी खड्डियों पर बुने जा रहे धुस्से प्रसिद्ध थे। सो जेहलम और चनाब के बीच के इलाक़े के साथ लगे जम्मू-कश्मीर के ब्यौरों को भी देखने में कोई हर्ज नहीं था।

मेरे उपन्यास के निकट यह महत्त्वपूर्ण और भी कि गुजरात में ही हमारी सेनाओं को पराजित कर फ़िरंगियों

ने पंजाब को जीता था। मैं इसे रिसर्च नहीं कहती। जो तथ्य मेरी जानकारी में थे उनकी चैकिंग भर थी।

बचपन से गुजरात का चिल्लियाँवाला मैदान देख चुकी थी जहाँ फ़िरंगी ने हमारी सेनाओं को हराया था। उसे अनदेखा करने का सवाल ही नहीं उठता था। फिर हमारी हवेली के तहख़ाने भी बहुत कुछ की ओर इशारा करते थे।

पुरानी बात है। 'डार से बिछुड़ी' उपन्यास लिखने के वक़्त मैंने महाराजा रणजीत सिंह से सम्बन्धित ऐतिहासिक तथ्यों को देख लेना ज़रूरी समझा था। ऐसा करने का निर्णय मैंने शायद इसलिए लिया होगा क्योंकि मैंने गुजरात का चिल्लियाँवाला मैदान देख रखा था। अगर ऐसा न होता तो मैं उपन्यास के अन्त में फ़िरंगी की छावनी का ज़िक्र तक न कर सकती। ऐतिहासिक घटनाओं के साथ मनचाही छेड़-छाड़ उचित नहीं। मैंने अकसर छोटे उपन्यास लिखे हैं। *ज़िन्दगीनामा* के पन्ने पलटते हुए यह ज़रूर महसूस करती हूँ कि इस कालखंड को अंकित करते हुए कथ्य और संवाद में से स्वयं ही इसकी एपिसोडिक शैली उभरी जिसने लेखक की मदद की। लेखक की रचनात्मकता ही इस पाठ को रचने की ज़िम्मेवार नहीं–यह मोटा-खुरदरा ग्रामीण वाचन उस धरती से जुड़े लोगों से, पात्रों से उभरा था जो उस खेतिहर संस्कृति की पौध थी। इस जीवन-शैली के बाहरी खोल के पार देखें तो यह ताना-बाना लगभग देश

के हर गाँव का है।

मैं पात्रों के साथ लिहाज़दारी नहीं करती। अपने से मुनासिब दूरी और मुनासिब निकटता रखे रहती हूँ। एक न्यूट्रल सा रिश्ता पाठ की हर पंक्ति को एक सा महत्त्व दिए रहता है।

ज़िन्दगीनामा में सैकड़ों पात्र हैं जो विभाजन से पहले की ज़िन्दगी को गूँथे हुए हैं। मैं अपने स्वभाव के अनुरूप उनमें से हर एक को लगभग बराबरी का भाव देना चाहती थी।

शायद इसी कारण मैं इस जीवन्त आख्यान को सहज ही बुन पाई। उपन्यास का आरम्भ फज़िर की अज़ान से हुआ। इसके पहले दी गई लम्बी कविता को देने या न देने का निर्णय मैंने प्रकाशक पर छोड़ दिया था। मैंने शायद कविता लिखी होगी–उपन्यास दुबारा लिखने की ज़हमत से बचने के लिए।

मुझे याद आ रहा है कि आपके साथ भी ऐसा कुछ हो चुका है। लम्बे अरसे से देखती आई हूँ कि हमारे यहाँ लेखक को ऐसे माना जाता है जैसे शब्दों को इस्तेमाल करने की तालीम और तमीज़ उसे हो ही न। पाठ की बारीक़ी में जाए बिना फ़तवे दे दिए जाते हैं।

मैंने अपने प्रबुद्ध पाठकों और आलोचकों से इतना तो अर्जित किया है कि मैं अपने पर चौकसी रखती हूँ। जानती हूँ कि अदबी वक़्त बड़ा ज़ालिम हुआ करता है। यह निर्दयी, ज़ालिम शब्द दोहराने में ख़ासी झिझक

महसूस कर रही हूँ। फिर भी मानती हूँ कि साहित्य अपनी बेजोड़ सम्पन्नता और समग्रता में सनातन पौरुषेय को स्तम्भित कर देनेवाली सफलताओं का पर्याय नहीं है। साहित्य संस्थानों का वह संस्थान है जहाँ विफलताएँ किसी का सिर नीचा नहीं करतीं और सफलताएँ गर्व से मस्तक ऊँचा नहीं करतीं। साहित्य की यही वैचारिक और रचनात्मक मर्यादा है।

के.बी. आपने भी ज़रूर महसूस किया होगा कि लिखते हुए किसी अतिरिक्त रहस्यमय संकेत से आप किसी पात्र को ऐसे शब्द दे देते हैं जिसके परिणामस्वरूप उपन्यास या लम्बी कहानी का पूरा तेवर बदल जाता है। निःसन्देह एक संकेत भर से, रत्ती और माशे के फ़र्क़ से भी उसका डिस्टार्शन मुमकिन है। जिस ओर आप इशारा कर रहे हैं, मैं उसे समझ नहीं पाई। मुझे लगता है, लेखक के निजी आग्रह और पूर्वग्रह जब पाठ में हस्तक्षेप करते हैं तो पात्रों के कार्य-कलापों में रचना के बनते हुए पाठ की स्वायत्तता उसके आड़े आती है। जितनी बड़ी स्पेस लेखक को अपने लिए चाहिए होती है, उससे कहीं बड़ी पात्रों को उनकी मनःस्थिति और परिस्थितियों के अनुरूप पनपने के लिए भी चाहिए होती है। हाँ, एक गम्भीर बात आपसे बाँटना चाहती हूँ कि लिखते हुए मेरे लेखक की मनःस्थिति किसी भी हालत में अन्दर और बाहर दोनों को भरसक समेटकर लिखने की होती है। लेखक के रूप में मैं रचना पर अपना एकछत्र अधिकार नहीं

मानती। लेखक जैसे चाहे उससे खेले–पात्रों के खेल को अपनी मनचाही दिशा में मोड़े–यह 'वीटो' मैंने कभी इस्तेमाल नहीं की। उपन्यासकार अगर ज़िन्दगी का पाठ प्रस्तुत करने का निमित्त है तो जो पात्र लेखक की क़लम द्वारा अस्तित्व पा रहे हैं उनकी व्यक्तिगत, सामाजिक और सामूहिक सत्ता की सुरक्षा करना भी लेखक के जिम्मे है।

ऐसा कर सकने के लिए मैं आज तक पछतायी नहीं हूँ। कुल मिलाकर मेज़ पर उतर रही एक बड़ी दुनिया का सन्तुलन करने में मेरा यह लेखकीय निर्णय सहायक सिद्ध हुआ है। ज़रा हल्के मूड में सोचें तो सच यह भी कि यह सब हम लिखनेवालों के बौद्धिक चोंचले हैं। अपने आपको क़ाबू करने के तरीक़े। लिखते वक़्त लेखक का ध्यान अपनी ओर नहीं पात्रों पर, उभरते पाठ पर केन्द्रित होता है! ऐसे में लेखकीय एकाग्रता और पंक्तियों के दरम्यान छोटी से छोटी अटक भी लेखक का ध्यान भंग कर सकती है। आपके अन्तर्मन का मौन और शब्दों का कोलाहल जो पाठ में घुल रहा है–वह अलग-अलग सिर उठाकर एक-दूसरे को घूरने लगता है! के.बी. यह है वह स्थिति जो मेरे लिए क्राइसिस पैदा करती है। मैं चौकस रहती हूँ, इसलिए ऐसा कम होता है, मगर जब घटित होता है तो इसके लिए बड़ी क़ीमत चुकानी पड़ती है! कभी उखड़े तो फिर उसी पुराने बिन्दु पर उसी मनःस्थिति तक पहुँचने में बहुत वक़्त लगता है। इस दरमियान पन्नों पर दुर्घटनाएँ भी होती हैं।

हाँ, लिखने के वक़्त मुझे हल्के ढीले कपड़े पहनना पसन्द है। न भारी हों–न ज़्यादा गर्म, न ठंडे। इस अरसे में मैं अपने को ख़ूब रियायतें देती हूँ। दूसरों को अपने से बाहर रखती हूँ। बस निज के रचनात्मक तापमान में कोई फ़र्क़ नहीं आना चाहिए। मैं गहरे तक इस विश्वास के साथ चलती रही हूँ कि हमारे मित्र, सम्बन्धी, परिचित एक-दूसरे को उत्साहित करने के नाम पर पाठ के ताने-बाने में ख़लल डाल सकते हैं। रिकार्डिंग करते हुए बाहर के व्यवधान की तरह ही है जो एकसाथ सोचने और बोलने की शृंखला में हस्तक्षेप करता है। बिलकुल ऐसे ही–जैसे अभी सेमिनार रूम का दरवाज़ा खुला तो उससे परेशानी हुई थी।

हाँ, इतना तो लेखक को याद रहना ही चाहिए कि वह स्वयं ही रचना का पात्र नहीं–भले अपनी सोच और भाषा से उसमें प्रतिबिम्बित हो रहा हो।

वैद : कृष्णा, इस बातचीत के दौरान मैंने बार-बार कहा है कि *उसका बचपन* और *गुज़रा हुआ ज़माना* विशेष तौर पर, और मेरे दूसरे उपन्यास और कई कहानियाँ सामान्य तौर पर, मेरे अनुभव पर आधारित हैं, लेकिन यहाँ यह दुहरा देना भी ज़रूरी समझता हूँ कि मेरी सब रचनाओं में मेरी कल्पना भी सक्रिय है। इसलिए अगर कोई कहे कि बीरू मैं हूँ या बीरू की माँ मेरी माँ है तो मैं यह जवाब दूँगा कि बीरू हू-ब-हू मैं नहीं, बीरू की माँ

हू-ब-हू मेरी माँ नहीं क्योंकि उन दोनों को मेरी कल्पना का ताप भी मिला है और उस ताप से वे दोनों मुझसे, मेरी माँ से, कुछ भिन्न, कुछ अधिक, कुछ कम भी हो गए होंगे।

सोबती : ठीक कह रहे हैं कि बीरू वह नहीं जो बीरू है। माँ भी वह नहीं जो वह हैं–इसे मैं समझ रही हूँ। इतना ज़रूर जोड़ना चाहती हूँ कि आप किसी भी भाव विचार या प्रक्रिया को जैसे ही शब्द देते हैं–उसका अस्तित्व लेखक से जुदा हो जाता है। हू-ब-हू वह नहीं जिसका प्रतिबिम्ब आप प्रस्तुत कर रहे हैं–दिए गए शब्दों के साथ उसमें कुछ ऐसा घटित होता है जो अपने में एक नई संज्ञा, नया व्यक्तित्व ग्रहण कर लेता है। आप इसी को कुछ दूसरी तरह कह रहे हैं।

वैद : इसी तरह, कृष्णा, शायद *ऐ लड़की* के बारे में यह कहना ग़लत न हो कि उसमें जो माँ है, उसकी रचना में आपकी कल्पना ने भी एक बड़ी भूमिका निभाई है। इसी को मैं 'डिस्टार्शन' का नाम दे रहा हूँ, डिस्टार्शन शब्द के शाब्दिक अर्थ में नहीं, लाक्षणिक अर्थ में।

सोबती : के.बी. यह कहना कि 'ऐ लड़की' उपन्यास में सिर्फ़ माँ नहीं थी, उसमें कई चेहरे घुल-मिल गए थे, मुझे कृति के रूप में ठीक ही लगता है। बावजूद

इसके कि माँ ही इस कृति की आत्मा है। लिखित में उनके शब्दों का परिष्कार हुआ हो मगर मौलिक रूप से भाव-विचार देखने की दृष्टि उन्हीं की है। फिर भी कहूँगी कि कृति में माँ की मात्र उपस्थिति ही नहीं, उनके भाव और शब्द भी मौजूद हैं। मेरे लिए विस्मयकारी था कि जो भी माँ की मूल पाठ्य सामग्री रही वह एक हद तक सीमित ही थी। जपजी साहिब, सत्यार्थप्रकाश, स्त्री सुबोधिनी, रामायण, महाभारत, मनोरमा के पत्र और सुहागरात जैसी पुस्तकें वह अपने दहेज में लाई थीं। उसके अलावा उन्होंने नए परिवार में आकर बहुत कुछ सीखा भी होगा। नहीं तो शब्दों में अपने को व्यक्त न कर पातीं। कृति को एक साथ आकार और प्राण देते हुए, शब्दों में उसे बुनते हुए न जाने कितने और किस-किसके रूप-स्वरूप, व्यक्तियों और स्थितियों में से उभरते शेड्स पात्रों में इकसार हो जाते हैं। ऐसे में किसी पात्र में किसी एक व्यक्ति की ही परछाईं ढूँढ़ना सरल नहीं। पात्रों की पहचान में, उनकी लेखकीय अभिव्यक्ति में किसी एक चेहरे को टटोल लेना मुमकिन है और नामुमकिन भी। लेखक का शिल्प इसे हाथ से फिसलने नहीं देता और शैली और कथ्य इसे सँवारते हैं। कुछ बदल जाता है और कुछ नहीं। फिर भी मानना होगा कि रेखांकित होनेवाला यह एक महत्त्वपूर्ण परिवर्तन होता है जो रचना को नया स्वरूप देता है।

वैद : कृष्णा, आपने इसी सन्दर्भ में कहा था कि लेखक के लिए अपने अनुभव से दूरी भी बहुत ज़रूरी है और उसके प्रति निर्ममता भी। मैं आपसे पूरी तरह सहमत हूँ। दूरी और निर्ममता के अभाव में आत्मानुभवाधारित रचनाओं के अतिभावुक हो जाने का अन्देशा बना रहता है। मैं अतिभावुकता को एक बड़ा दोष समझता हूँ और यथासंभव उससे बचने की कोशिश में रहता हूँ। *उसका बचपन* लिखते समय इस अन्देशे की आगाही ने मुझे अतिभावुकता से बचाया।

सोबती : आपसे असहमत होने का कोई कारण नहीं। अपने बारे में कह सकती हूँ कि मैं मानवीय लगावों को वैराग्य भाव से भी देखती हूँ–अपने और पात्रों से परे होकर किसी तीसरे, पराए की तरह।

वैद : एक और बात। कुछ लोग मेरे बारे में कहते हैं कि मैंने बहुत-से प्रयोग किए हैं जो लोकप्रिय नहीं हुए। मैं आपके बारे में यह कहना चाहता हूँ कि आपने अपने आपको दुहराया नहीं और कई जोखिम उठाकर कई सफल और लोकप्रिय प्रयोग किए हैं। जोखिम जोड़-तोड़ या हिसाब-किताब करनेवाले नहीं उठा सकते, प्रयोग जोखिम के बग़ैर किए ही नहीं जा सकते।

सोबती : यूँ तो हर खेल में जोखिम हैं पर लेखन में जोखिम, हर क़दम पर है। विषय को उठाने का

निर्णय, संगति बैठाने का जुगाड़, कथ्य की मर्यादा–कहीं भी ग़लती हुई और आप ही नहीं–कथ्य और पाठ भी गड़बड़ा गए। हम सबको इसका सामना करना ही होता है।

भाषा की ओर मुड़ें!

हाँ भाषायी प्रयोगों की छूट लेना न इतना ग़लत है और न ही अटपटा। रचनात्मकता के स्तर पर गुलेरीजी की 'उसने कहा था' का ज़िक्र ज़रूरी है। गुलेरी जैसे संस्कृत और अन्य भाषाओं के प्रकांड पंडित और विद्वान ने अपनी कहानी 'उसने कहा था' में स्थानीय ध्वनियों और शब्दों का समावेश करने का निर्णय क्यों लिया, इसे जाँचना भी हमारे लिए कम दिलचस्प न होगा। शब्दों पर ग़ौर करें–सगाई की जगह कुड़माई, दुल्हन की जगह लाड़ी, बाज़ार की आवाज़ें–ऐ पुत्र प्यारियो, ऐ कर्मावालियो–बोलियों के यह शब्द, आवाज़ें, उनकी ताने घराने कहानी के पाठ ने जिस आसानी से अपने में समो लिये उतने ही अनोखेपन से स्थानीय प्रभाव को कहानी के शिल्प ने अंकित कर, जज़्ब भी कर लिया। क्या बिना इस नाटकीयता के कहानी को यह पैमाना दिया जा सकता था। निश्चय ही गुलेरी जैसे संस्कृत के विद्वान की क़लम इन शब्दों को 'भदेस' समझकर बाहर रख सकती थी, अगर उनके भाषा–सौष्ठव को इन ध्वनियों की दरकार न होती।

के.बी., भाषा सिर्फ़ वह ही नहीं है जिसे हम लिखित में पढ़ते सीखते हैं, संवाद में बोलते हैं, भाषा वह भी है जिसे हम जीते हैं। औसत पाठक को तो छोड़ दीजिए। मैंने लेखक परिवार तक में फैले इस भाषायी फ़र्क़ को महसूस किया है। किसी भी पाठ में शब्द, पंक्ति या टुकड़े की उपस्थिति, आवृत्ति पाठक के मन में एक-से अर्थ नहीं जगाती। एक-सी इमेज नहीं उगाती। प्रत्यक्ष रूप से यह हमारी सामाजिकता की विभिन्नता से भी जुड़ी रही है जहाँ से शब्दों के सान्निध्य से 'इमेजेस' प्रवाहित होती हैं। इस प्रक्रिया को आप बाक़ायदा महसूस कर सकते हैं कि जो कहा गया है—कहा जा रहा है, उसमें या तो अतिरिक्त अर्थ जुड़ गया है या कमतर हो गया है। मुझे लगता है हमें अपने 'वाचन' में चौकसी बरतनी होगी जो हमारे लिखित को भी संयमित और गहरा करेगी। बेतहाशा कुछ न कुछ कहे चले जाने की स्थिति जो आज की राजनैतिक संस्कृति में भी देखी जा सकती है, उसके विरुद्ध मुहिम छेड़नी होगी। वाचन के सौष्ठव में गरिमा लानी होगी। तर्क से तर्क काटने की भंगिमा को अनुशासित करना होगा। सिर्फ़ 'गरिमा' 'गरिमा' या 'अस्मिता' 'अस्मिता' दोहराने से वह प्रत्यक्ष नहीं होगी। विचार को सही अभिव्यक्ति देने से भाषा का परिष्कार होता है। हमें अंग्रेज़ी से भी कुछ सीखना होगा।

के.बी. मैं एक दिलचस्प उदाहरण से अपनी बात साफ़ करूँगी। एक साहिब पेशे से इंजीनियर लेखक अपनी

प्रकाशित पुस्तक भेंट करने आए। मैं पहली बार ही उनसे बातचीत कर रही थी।

बातचीत के दौरान लद्दाख़ के प्रसंग में मैंने उनसे कहा कि मैंने लेह में एक बूढ़े लद्दाख़ी से पूछा कि लद्दाख़ और कश्मीर के फ़र्क़ को आप कैसे देखते हैं। लद्दाख़ पठारों का रेगिस्तान और कश्मीर इतना ख़ूबसूरत सरसब्ज़ कि देखकर आँख न अघाए।

लद्दाख़ी बुज़ुर्ग ने माथे को छुआ–लद्दाख़ यह है और हाथ से संकेत किया–घाटी वह है। हाथ फैलाकर यह कुछ ऐसे कहा गया, जैसे नीचे फैली घाटी को देखते हों। के.बी. इस लेखक इंजीनियर ने हमारी शाम की मुलाक़ात को इंटरव्यू की शक्ल दी और पढ़ने के लिए भेज दिया। शीर्षक–'सोबती : एक मानसिक शहर।' क्लासिक फ़िकरा जिसने मुझे चकित किया। मैंने आज से पहले न सुना था। मगर लद्दाख़ वाले प्रसंग को उन्होंने कुछ ऐसे पेश किया कि लद्दाख़ी ने माथे की ओर इशारा किया और कहा– लद्दाख़ यह है और नीचे की घाटी जैसे भोग स्थल। लद्दाख़ की ऊँचाई से पठार और चट्टानों की कल्पना और कश्मीर जिसे घाटी कहा जाता है–उसे भोगस्थल के रूप में व्यक्त करना मुझे बेहद अटपटा लगा। इतना शुक्र कि भोगस्थल को तीर्थस्थल के आसपास नहीं रखा गया था। इतना ही कहना चाहती हूँ कि शब्द और अर्थ को हम कैसे ग्रहण करते हैं, कितनी आत्मीयता से उनके संवेदनात्मक तत्त्व से अपनी

इमेज जुड़ा लेते हैं—यह व्यक्ति के सामाजिक यथार्थ और सोहबत पर निर्भर है। उसकी जीवनशैली पर भी।

वैद : बोलचाल की भाषा से बहुत कुछ लिया जा सकता है, लिया जाता है। किसी भी लेखक के काम में भाषा कई दिशाओं से आती है, कई दरवाज़ों से दाख़िल होती है। लेखक का काम है उस भाषा को एक विशिष्ट शैली का रूप देना, उसमें से एक विशिष्ट आवाज़ निकालना। यह कमाल हर लेखक अपने तरीक़े से करता है। उसके लिए कोई क़ायदा-क़ानून बाहर से नहीं बनाया जा सकता। इतना ज़रूर कहूँगा कि भाषा और शैली को साहित्यिक चिन्तन में सर्वोत्तम स्थान मिलना चाहिए। यह मैं इसलिए कह रहा हूँ कि हमारे यहाँ ग़लत धारणा चल निकली है कि शैली और शिल्प के बारे में सतर्क होना 'कलावाद' की ही एक ख़तरनाक अलामत है।

शिल्प और शैली और कलात्मकता को नकारने की प्रथा मुझे बहुत ग़लत लगती है—नकारने की और उसे शक की निगाह से देखने की, मानो वह कोई ऐसी बीमारी हो जिससे लेखक को बचे रहना चाहिए। इसी प्रथा या ग़लत धारणा में से शिल्प और कथ्य का वह पुराना और बेबुनियाद झगड़ा या पचड़ा फूटता रहता है जिसे हम अभी तक झटक या सुलझा नहीं पाए। मेरी नज़र में हमारी आलोचना का सबसे बड़ा दोष यही है कि उसने

कलात्मकता और शिल्प शैली के बारे में सन्देह और अनास्था का और ऐसा प्रतिकूल-सा वातावरण बना दिया है कि बहुत-से लेखक इस बात पर गर्व करते हैं कि वे शिल्प और कला को अधिक महत्त्व नहीं देते, कथ्य से ही सारा काम चलाना चाहते हैं। प्रगतिशीलता के नाम पर निहायत सरलीकृत पैमाने गढ़ लिये गए हैं; यथार्थवाद की दुहाई दे-देकर यथार्थ तक पहुँचने के अन्य सब विकल्पों की उपेक्षा की जा रही है।

सोबती : के.बी. आपका ध्यान इस ओर भी दिलाना चाहती हूँ कि ऊपरी सतह पर अनघड़ बेतरतीब दिखनेवाला पाठ भी एक तरह का शिल्प हो सकता है जो साहित्य के पुराने मानदंडों से अलग कुछ कर

सकने के प्रयोग का ही परिणाम हो। इस मसले को हम प्रगतिशीलता के माथे ही क्यों मढ़ दें।

उदाहरण के लिए पीछे लौटती हूँ। भारती भंडार से अपने पहले उपन्यास *चन्ना* की पांडुलिपि लौटा लेने के बाद उसे पेटी में बन्द कर दिया गया। बरसों बाद राजकमल प्रकाशन के आग्रह पर खोला–पन्ने पलटे, कुछ पढ़े और दुबारा पेटी में। क्या करने जा रही हूँ, कुछ साफ़ न था। जब संकेत हुआ तो यह कि एक अच्छे उपन्यास की सम्भावनाएँ इसमें हैं लेकिन इसे दुबारा लिखना होगा। 'चन्ना' विभाजन पर समाप्त किया था। मुझे इस नए उपन्यास द्वारा विभाजन समय से पीछे लौटना था। निर्णय यह लिया कि 'चन्ना' को भुलाकर ही नया उपन्यास लिखने की हिम्मत जुटानी होगी!

ज़िन्दगीनामा की भाषा को लेकर जो भी परेशानी पाठक को हुई हो–मैं अपने तईं इसलिए आश्वस्त थी कि उपन्यास का केन्द्र विभाजन से पहले के पंजाब के गाँव हैं जिसे मैं विभाजन के बाद लिख रही थी। जो समय काल मेरे पाठ का भाग था मैं उसी के शोर को गूँथ रही थी। यह भलीभाँति समझते-बूझते हुए कि हमारे लिए अब वह इतिहास का हिस्सा था। वह संवाद, वह वाचन, वह वातावरण हम लोगों के लिए सब विलीन हो चुके थे।

अपने से वायदा इतना ही था कि जितनी रचनात्मक तौफ़ीक़ तुम्हें ऊपरवाले ने दी है–उसकी सम्भावनाओं

को समझदारी, ईमानदारी और संयम से इस्तेमाल करो। जहाँ एक शब्द अपने सन्दर्भ में, अर्थ में मुखर और मौन में मुनासिब हो, घराने और वजन में ठीक हो वहाँ दो शब्दों की ज़रूरत नहीं। हर लफ़्ज़ का अपना वजूद, पहरन और घराना–उसकी आवाज़ की धीमी शोरीली तेज़ गति की आहट–पंक्ति में जड़कर पाठक के दिल–दिमाग़ में खटखटाहट करती है। भाषा से चेतावनी लेने का हर कारण लेखक के निकट मौजूद है। मैं गहरे तक यक़ीन करती हूँ कि किसी भी पाठ की रचना अपने में पात्रों का जीवट, भाषा की रवानी और लेखक की सीमाएँ और क्षमताएँ सब मिलकर रचना के कथ्य को इकसार कर देती हैं।

वैद : शिल्प और शैली के रूप और प्रकार अनेक हैं। अनघड़ दिखनेवाला शिल्प भी बाकमाल शिल्प हो सकता है। 'प्रगतिशीलता' का बचाव आप चाहें तो करें, मैं तो यही कहूँगा कि उसके नाम पर बहुत से अनर्थ होते रहे हैं, हो रहे हैं।

बोलचाल की भाषा के बारे में मैं यह और कहना चाहूँगा कि उसके बारे में, उसकी वर्तनी के बारे में, कोई अचल-सी राय क़ायम करना शायद ठीक नहीं होगा। साहित्य की सभी जानदार शैलियाँ हमेशा और सिर्फ़ बोलचाल की भाषा में से ही फूटती हैं–मैं इस धारणा को स्वीकार नहीं कर सकता। किसी भी शैली

के निर्माण में अनेक अंगों का दख़ल होगा–विषय, स्वभाव, तालीम, प्रभाव, परिवेश, परवरिश, वग़ैरह। *उसका बचपन, ज़िन्दगीनामा, दिलो-दानिश, माया लोक*–इन सबकी शैलियाँ और इनके भाषायी प्रयोग एक से नहीं, हो ही नहीं सकते। कई उपन्यास ऐसे भी हुए हैं जिनकी भाषा न कहीं बोली जाती रही है, न लिखी जाती रही है–मिसाल के तौर पर जॉयस का *यूलिसिस*। मेरे अपने कुछ उपन्यासों–*दर्द ला दवा* और *काला कोलाज*–में बोलचाल की भाषा की कोई गुंजाइश नहीं थी, और वैसी भाषा को वहाँ खोजना या उसके अभाव को उन उपन्यासों का दोष ठहराना मेरे ख़याल में सही नहीं होगा। बोलचाल की भाषा में जो जान है–और इस जान से मुझे इनकार नहीं–उसे हर उपन्यास की जान के लिए ज़रूरी समझना मेरे ख़याल में ठीक नहीं। *दिलो-दानिश* की जान उसकी भाषा में है और वह भाषा मेरे विचार में आम बोलचाल की हिन्दी नहीं। एक और बात मैं यहाँ फिर उठाना चाहता हूँ और वह है शिल्प की, शिल्प पर मेरा आग्रह है और मैं अपने चहेते लेखकों को उस आग्रह की आँख से देखता हूँ–और जो लेखक उस आँख से देखे जाने पर कम पड़ते हैं, उन्हें मैं अधिक अहमियत नहीं दे पाता। और मुझे यह बात अजीब लगती है कि कुछ बड़े लेखक भी अपने शिल्प की विशिष्टता से इनकार-सा करते रहते हैं, गोया शिल्प का होना कोई बुरी बात हो, गोया शिल्प होगा तो कृति एलीटिस्ट हो जाएगी,

दुर्बोध हो जाएगी। यह कहने की ज़रूरत नहीं कि शिल्प में सिर्फ़ शैली ही नहीं आती, और भी कुछ आ जाता है—संरचना, बुनतर, चरित्र, ध्वनि वग़ैरह।

सोबती : लेखक के लिए साहित्य की कालजयी दस्तकों को जान-बूझकर अनदेखा करना कभी संभव नहीं। हक़ीक़त यह भी कि लेखक को अपने विवेक के रूप में निज के सरमाये को ही इस्तेमाल करना होता है। जितना जो कुछ भी प्रतिभा के रूप में उसे मिला है, जिस अनुभव से वह गुज़र रहा है, वह उसी से अपनी रचनात्मक ऊर्जा जगाएगा। अभी आपने आँख के लिए एक नया विशेषण दिया है—आग्रह की आँख। वह आँख जो एक साथ आग्रह और सावधानी से मानवीय क्षमताओं और सीमाओं तक पहुँचती हो। रचनात्मक स्तर पर लचकीली लगनेवाली यह दृष्टि जाँच-पड़ताल में भी इकतरफ़ा नहीं होगी। नहीं होनी चाहिए। इतनी उम्मीद तो हम करें ही कि इसकी गुणधर्मिता अपनी ओर रचनाकार की सीमाओं को भी साधे रहे। हाँ, लेखक का अनुशासन इतना सहल नहीं, जितना वह लगता है। अपनी ही पिछली कृतिवाली क्षमता को लगातार हासिल करने की कोई शर्त अपने पर लागू नहीं की जा सकती। पन्ने पर पहली पंक्ति लिखते ही लेखकीय स्वामित्व के अधिकार और उसकी शक्ति आधी रह जाती है। जो लेखक के अन्तर्जगत की उपज है उसका अधिकारपूर्वक

सामना उस पहली पंक्ति से आरम्भ होता है जो अपने आपमें रचना के अस्तित्व का संकेत है। पुरानी कृति के मौसम को मैं न सिर्फ़ भूल जाती हूँ—मैं उसे ख़यालों में भी अपने आसपास फटकने नहीं देती। यह क़दम नई रचना की अस्मिता की सुरक्षा के हित में होता है। हाँ—कई बार इन्हीं हाथों ऐसी-ऐसी ग़लतियाँ भी होती हैं जिन्हें न पाठक कभी माफ़ करता है और न लेखक ख़ुद को ही।

विचारधाराओं के सैद्धान्तिक मुखौटों के नाम पर कहीं कुछ पूर्वग्रह ज़रूर होते हैं। सिर्फ़ प्रगतिशीलता के नाम पर यह दोष मढ़ना कि उसने सरलीकृत पैमाने गढ़ लिये हैं—सही नहीं। यथार्थवाद को अपनाने की ज़रूरत तो तब पड़ी जब ज़िन्दगी की पुरानी तर्ज़ नए यथार्थ के बोझ तले दबने लगी। यहाँ तक कि इस दबाव तले उसका अस्तित्व और रंग-ढंग बदलने लगा। यहाँ तक कि इसके बदलते प्रभाव में लेखक का आन्तरिक और बौद्धिक संसार तक उत्तेजित हुआ। उसमें बुनियादी फेर-बदल हुए।

जहाँ तक शिल्प और कलात्मकता का रिश्ता है वह एक अच्छे लेखक से अलग हो ही नहीं सकता। लेखक का रचना-विधान शिल्प के बिना अपने चरम पर नहीं पहुँच सकता।

मैं यह भी जोड़ दूँ कि कोई भी अच्छी कृति कथ्य के साथ-साथ शिल्प की ओर उदासीन होने का जोखिम

नहीं उठा सकती। शिल्प और कथ्य कृति की बुनतर में ताने-बाने की तरह गुँथे रहते हैं। रहने चाहिए। अच्छे शिल्प के बिना कथ्य विशेष की संज्ञा धारण नहीं कर सकता। उसी तरह अच्छा कथ्य बिना सुधरे शिल्प से बचा नहीं रह सकता। शिल्प कथ्य की माँग है जिसकी पुख़्ता बुनावट लेखक की रचनात्मक क्षमताओं और सीमाओं को प्रमाणित करती है। मैं नहीं समझती कि कोई भी अच्छा लेखक शिल्प से उदासीन हो अच्छे कथ्य को क्योंकर प्रस्तुत कर सकता है। कृति की संरचना से न कथ्य बाहर है और न ही शिल्प। इन दोनों का ठीक सन्तुलन ही एक अच्छी कृति में फलित होता है।

लेकिन माफ़ कीजिए के.बी., आपके इस कथन पर कि 'दिलो-दानिश' की भाषा आम हिन्दी नहीं है, मुझे गहरा ऐतराज़ तो है ही, हैरानी भी।

वैद : मेरे शब्द थे : "आम बोलचाल की हिन्दी।"

सोबती : मैं आपके कहे का यह कहकर विरोध करूँ कि 'मुझे आपत्ति है' तो क्या वह आम हिन्दी होगी। आम हिन्दी दरअसल क्या है इसे तो सही कीजिए! वह यक़ीनन सिर्फ़ हिन्दी प्रदेशों की भाषा नहीं। हिन्दी अपना स्वरूप तय कर चुकी है, मैं ऐसा नहीं समझती। हिन्दी भारत की राष्ट्रभाषा के रूप में विकसित हो रही है। वह देश की सम्पर्क भाषा भी बन रही है और एक

बड़ी भाषा की तमाम सम्भावनाएँ अपने में समेटे है–फिर भी कहना होगा कि इसका रचनात्मक स्वरूप इसके इस्तेमाल और विकास के साथ बदलता जाएगा। भाषायी लचक के लिए हमें हमारे देश में पनपी दूसरी भारतीय भाषाओं और अंग्रेज़ी की ओर भी देखना चाहिए! इस विषय पर आप मुझसे कहीं ज़्यादा जानते हैं। हिन्दी की जो भी राजनीति हो, आज उसकी किसी एक रचनात्मक शैली को मानक समझना ग़लत होगा। करोड़ों-करोड़ों लोगों द्वारा बोली–समझी जानेवाली भाषा पर अब क्षेत्रीय नागरिक और सर्वसाधारण का निश्चय ही दबाव होगा। हिन्दी पर हिन्दी भाषा प्रदेशों का भले वर्चस्व हो पर राष्ट्रभाषा ज़रूरत के मुताबिक़ नए–नए शब्द और स्वरूप ग्रहण करेगी। कर रही है–हमारा मीडिया इसका प्रमाण है।

जहाँ तक 'दिलो–दानिश' का सम्बन्ध है, आपके लिए कुछ पंक्तियाँ दुहरा सकती हूँ।

एक चवन्नी जयराम जी की
एक चवन्नी आदाबर्ज़।

दिल्ली की ज़बान ऐसी मिली–जुली रही ज्यों दूध में मिश्री घुली हुई हो। क्या इस वाक्य में कुछ भी नया है। ऐसा जो हिन्दी के बाहर हो।

चाँदनी चौक और जामा मस्जिद के आसपास का मुहावरा है, ज़रा पीछे देखें तो लालक़िले के क़रीब। कभी

राजधानी का शक्तिस्थल, मुग़ल दरबार था। दिल्ली की भाषा आम आदमी के साथ-साथ क्षेत्रीय तेवरों से भी छनती-बनती रही है। स्वाभाविक रूप से हिन्दी और उर्दू भाषा सदियों तक एक-दूसरे में घुलती रही हैं। इस पर ऐसा ऐतराज़ मुझे अजीब लग रहा है।

अगर हम यह कहें कि बदरू और मासूमा बब्बन मियाँ के साथ हवेली पहुँचे तो रज्जन भाई की सालगिरह पर ख़ासी धूम मची थी तो क्या भाषा के साथ कुछ अनोखा किया गया है। उसे आमफ़हम बनाने के लिए सालगिरह की जगह 'जन्मदिन' का प्रयोग किया जाना चाहिए, जबकि कायस्थ परिवारों की यह शाइस्ता ज़ुबान हिन्दी-उर्दू के मिश्रण की ओर संकेत करती है। 'दिलो-दानिश' द्वारा मैं साम्प्रदायिक सद्भाव की कृत्रिम ज़मीन नहीं बिछा रही थी, जो पहले ही मौजूद थी—उसे अंकित भर कर रही थी। भाषा का मुखड़ा सिर्फ़ नगर-नगर ही नहीं बदलता—वह विभिन्न मुहल्लों तक में भी बदलता है।

आज की दिल्ली को ही लें। पुरानी दिल्ली, नई दिल्ली, विभाजन के बाद उभरी शरणार्थी बस्तियाँ—सम्पन्न धनियों के विशाल झुंड और इन सबको चुनौती देते डी.डी.ए. के नागरिक ब्लाक। भाषायी मुहावरों में से भी आप दिल्ली की चारों दिशाएँ देख सकते हैं। दिल्ली के देहात के तीन सौ से ज़्यादा गाँव दिल्ली शहर ने लील लिये हैं। आप पुरानी आवाज़ें अभी भी यदा-कदा वहाँ सुन सकते

हैं। फ़सील के अन्दर पुरानी दिल्ली जिसे शहर कहा जाता रहा है, वहाँ की बोलचाल में एक ख़ास तरह का भाषायी ऐलीगैंस हैं। उर्दू का नागरपन! इस पर किसे ऐतराज़ होगा।

'दिलो-दानिश' में मेरी दौड़ सीताराम बाज़ार की नहीं थी–बेगम समरू की कोठी के आसपास की थी। दिल्ली राष्ट्र की राजधानी है। वहाँ देश के विभिन्न क्षेत्रों की भाषायी निधि जज़्ब है, उसे किसी सँकरी-सी खिड़की से जाँचना ठीक नहीं। यह भाषायी संकीर्णता ही होगी। हाँ मैं 'दिलो-दानिश' की तरफ़दारी नहीं कर रही, क्योंकि आश्वस्त हूँ कि इसका उपन्यास शिल्प पुख़्ता है। वह किसी कोशिश का नतीजा नहीं–कथानक और कथ्य की देन है। भाषा गौण इसलिए नहीं लगती कि वह राजधानी के मुहावरे में से है।

मुझे दिल्ली शहर का शोर सुनने की तालीम नई दिल्ली ने दी। नई दिल्ली वह नहीं थी जो आज है। आज से बहुत छोटी, साफ़-शफ़्फ़ाफ़ और परिवेश में एक ख़ास वक़्त का परिष्कार। मुक़ाबले में फ़सील के अन्दर जो हिन्दुस्तानी टैक्स्चर था, घनत्व था, इसकी कहीं तुलना नहीं थी। यहाँ- वहाँ इतिहास बिखरा पड़ा था। एक ख़ास तरह का शोर था जो सदियों के पिछवाड़े में उभरता है। ट्राम, ताँगे, बग्घी, झिल्लीवाले, रेहड़ीवाले, खोमचे, छाबड़ी, सेठ, जौहरी, कलफ़ लगे कपड़ों में कुल्फ़ीवाले, रोशनियों से झिलमिल करता पूरा दिसावर

और भाषा ठेठ हिन्दुस्तानी। दानेदार। कूज़े में हिन्दी-उर्दू का मिश्रण। एक पूरा भारतीय कालखंड।

ग़ालिब के शहर की ज़बान के भी क्या कहने। तराशे हुए शब्द और बारीक भंगिमाएँ। उर्दू का शहरातीपन और देसी लटके-झटके। हाँ, मैंने नौकरी की तो दफ़्तर के साथियों और सहकर्मियों के व्यवहार-शिष्टाचार में इस ज़बान का लुत्फ़ उठाया। ज़बान से जीने का असर देखा। भंगिमाओं में ज़बान का अनबोलापन। और उसका दो टूक प्रभाव।

वैद : आपने जो कुछ कहा उससे आंशिक तौर पर सहमत होते हुए भी मैं फिर यह कहना चाहूँगा कि *दिलो-दानिश* की भाषा की ख़ूबसूरत बुनावट और बनावट में मुझे हर जगह "आम बोलचाल की हिन्दी" दिखाई/सुनाई नहीं देती, और यह मेरी नज़र में *दिलो-दानिश* का दोष नहीं, गुण है।

सोबती : दरअसल 'दिलो-दानिश,' 'ज़िन्दगीनामा-2' की शुरुआत थी। जिसका पहला मुखड़ा था 'दो बिछौने की दो औलादें।' यह टुकड़ा सोमदत्त के सम्पादन में 'साक्षात्कार' में प्रकाशित हुआ था। सुभीते से इत्मीनान से इसका प्रारम्भ किया था पर आगे रास्ते में कटाव का मोड़ था। 'ज़िन्दगीनामा' के शीर्षक-अतिक्रमण का मुक़दमा। बहुत-सा वक़्त और ताक़त उसमें लगते देख मैंने निर्णय लिया कि 'दो बिछौनों की दो औलादों'

को 'दिलो-दानिश' में सीमित करना ही ठीक होगा। 'ज़िन्दगीनामा' के लिए जो ज़मीन तैयार करने जा रही थी उसके घटनाक्रम के लिए बँधी एकाग्र मनःस्थिति अपने में नहीं पाती थी। सो यह मोड़।

हमारी अपनी सीमाओं के भीतर भी नई हलचलें और फेर-बदल होते रहते हैं। अपने से हटकर दूसरे अच्छे लेखक द्वारा प्रस्तुत किया गया पाठ, आपकी आन्तरिक विलक्षणता को भी प्रभावित करता है, लेखन को नहीं। यहाँ तक कि जब आप किसी रचित पाठ को उत्सुकता या उदासीनता से खींचते या सरकाते हैं तो किसी 'नए' की जिज्ञासा को भी अपने पास बुलाते हैं। संभव यह भी है कि आप अपनी अन्तरभाषा में इतने मग्न हों कि अपने रचना पक्ष से उभरती कलात्मक स्फूर्ति की उपेक्षा करें तो यह बौद्धिक असुरक्षा या प्रतिद्वन्द्विता का भी नतीजा हो सकता है।

महत्त्वपूर्ण यह कि दूसरों के पाठ को पढ़ना, उसे उतने ही लगाव से आत्मसात् करना जिससे हम अपनी पंक्तियों को पढ़ते हैं–इसकी तालीम लेखक के पास होनी ज़रूरी है। एक सुशिक्षित पाठक की तरह हमारे पास ऐसी निगाह भी होनी ज़रूरी है जो दूसरे पाठ की ख़ूबियाँ पहचान सके और अगर तुलना ही करना चाहे तो अपनी सीमाओं को भी अनदेखा न करे।

इसके अतिरिक्त लेखकीय व्यवहार और प्रस्तुति में बहुत कुछ ऐसा भी होता है जो कुछ नज़र आता है और कुछ

नज़र नहीं भी आता। वह जितना सीधा-सादा, सहज लगता है, वह उतना सपाट होता नहीं और वह जितना संश्लिष्ट लगता है उतना भी वह नहीं होता। उसके दिल-दिमाग़ में एक ताना-बाना बराबर बुनता चला जाता है। जो विरोधी दिशाओं से उसके सपाट और उलझे हुए को एकसार करता है। एक बात विश्वास के साथ कह सकती हूँ कि अगर मैंने किसी लेखक को गम्भीरता से पढ़ा न हो तो 'मैत्री' परिचय में ही सिमटी रहती है। हमारे बहुत-से साथी ऐसी ही अदा में लेखकीय मैत्रियों को अपनी आत्मविमुग्ध सतह के ऊपर रखे रहते हैं और दुश्मनियों को सतह के नीचे छिपाए रहते हैं। एक-दूसरे की मुँहदेखी तारीफ़ करते चले जाते हैं। बौद्धिक आदान-प्रदान में, संवाद में कुछ ऐसी कृत्रिम-सी मितव्ययिता की भंगिमाएँ साहित्यिक दुश्मनियों का रूप ले लेती हैं।

ठीक इससे दूसरी दिशा में क़लम की दोस्तियाँ अपनी साख में कुछ ऐसा बचा पाती हैं जो एक-दूसरे की लिखित को साहित्य में जुड़ाव और भाव देती हैं। अगर ऐसा नहीं भी करती तो भी एक-दूसरे को सहन करती हैं।

जब हम 'गोदान,' 'मैला आँचल,' 'रागदरबारी,' 'आधा गाँव,' 'झूठा सच,' 'गुज़रा हुआ ज़माना,' 'तमस' को अपने में सँजोए हुए पाठ की तरह याद करते हैं तो हम उनके साथ कोई रियायत नहीं बरत रहे होते।

कभी *आधा गाँव* और *रागदरबारी* साहित्य अकादमी पुरस्कार के लिए बराबरी पर थे। *आधा गाँव* इस दौड़ से बाहर हुआ मगर पाठक और प्रबुद्धों के क्षेत्र से नहीं। राही मासूम रज़ा और *आधा गाँव* का स्थान-सम्मान अब भी सुरक्षित है। *आधा गाँव* का वाचन अपनी पुरअसर सादगी और चौकन्नेपन के लिए जाना जाता है। खुरदरा, संक्षिप्त और सादा।

इसके विपरीत क़स्बों और छोटे शहरों की शब्द शैली छोटी-छोटी बातों का गैरमामूली जमावड़ा बना रहता है और महानगरों की आत्मविश्वासी सहजता और सुरक्षात्मक पेचीदगी क्लिष्टता में और कभी उबाऊ निकटता और सपाटबयानी में प्रकट होती है।

मुझे लगता है कि विपरीत दिशा से किसी भी नतीजे पर पहुँचने के लिए हमें टैक्स्ट के दोनों स्वरूपों को जाँचना होगा। यह भी कि यह कैसे और क्यों लेखकीय प्रक्रिया में घटित होता है! विषय के इतर भी एक टैक्स्ट आसान सादी भाषा में और दूसरा चिन्तन के अनुरूप किसी कदर मुश्किल संश्लिष्ट भाषा में! हम क्यों न मान लें कि चिन्तन का भाषायी मुखड़ा रचनात्मक पाठ से अलग पड़ता है। कुछ देर पहले इसी संगोष्ठी कक्ष में एक आलेख प्रस्तुत किया गया था। उच्च जातीय और निम्न जातीय टैक्स्ट पर विवादास्पद होते हुए भी वक्ता ने जिन तर्कों के सहारे इसका विवेचन किया, उससे स्त्री लेखन, दलित लेखन और उच्चवर्गीय और उच्च जातीय पाठ

एक-दूसरे से ख़ासी दूरी पर स्थित होते थे। इन तथ्यों पर ग़ौर करने की ज़रूरत है।

वैद : अगर मैं यह कहूँ कि *दिलो-दानिश* में बोलचाल की भाषा के अलावा या साथ-साथ साहित्यिक उर्दू मुहावरे को भी बड़ी ख़ूबी से इस्तेमाल किया गया है तो? इस उपन्यास की उपलब्धियों में यह एक दूसरी साहित्यिक भाषा भी है जिसे आपने बड़ी ख़ूबसूरती से साधा है।

सोबती : एक और बात करने की इजाज़त चाहती हूँ। अन्तरराष्ट्रीय विचारधाराएँ भारतीय मनीषा को गहरे तक प्रभावित कर रही हैं। उत्तरआधुनिकता इसी प्रक्रिया में से उपजती है। इसके बावजूद भारतीय लेखन ने अपनी विशिष्ट भारतीय पहचान बनाए रखी है। अंग्रेज़ी का भारतीय लेखन इसका प्रमाण है। देशी भाषाओं का देसी ध्वनि-संसार अंग्रेज़ी में प्रकाशित रचनाओं में मौजूद है! मात्र शब्दों के रूप में ही नहीं सांस्कृतिक संस्कार की मौन और मुखर विशेषताओं के साथ भी। अंग्रेज़ी जैसी भाषा ने जिसके पास शब्दों का विपुल भंडार है, हमारे देशज शब्दों का बहिष्कार नहीं किया। हमारे भाषायी शुद्धतावादी इस पर गम्भीरता से विचार करें तो विभिन्न क्षेत्रीय भाषाओं और बोलियों से शब्द सम्पदा का आदान-प्रदान हमारी राष्ट्रीय भाषा को भरपूर सम्पन्न करेगा।

देसी भाषाएँ और बोलियाँ अपनी अभिव्यक्ति में कमतर नहीं। अखिल भारतीय भाषा-परिवार का विचार विवेक और सांस्कृतिक संस्कार जिस केन्द्रीय ऊर्जा से प्रवाहित होता है वह अपने-अपने ढंग से राष्ट्रीय चेतना और चैतन्य से ही साझेदारी करता है। अन्तरराष्ट्रीय भाषायी गलियारे में व्यावसायिक रूप से शक्तिशाली भाषाओं की तुलना में भले हमारी छोटी भाषाएँ अलग-थलग दिखती हों पर भारतीय सन्दर्भ में वह एक विशाल लोकतन्त्र का महत्त्वपूर्ण हिस्सा है। मैं लोकतन्त्र को भारतीय जीवन शैली के घनत्व के सन्दर्भ में इस्तेमाल कर रही हूँ। इन भाषाओं, बोलियों द्वारा प्रस्तुत किया गया राष्ट्र का सामाजिक, .राजनैतिक वृत्तान्त कम मूल्यवान नहीं। वह अपने घनत्व और शिल्प सौष्ठव में अनोखा ही कहा जाएगा। भारत के नागरिक समाज में हुए परिवर्तनों का वह प्रामाणिक साक्ष्य भी है।

हमारी साहित्यिक विधाओं ने कहानी, कविता, उपन्यास, नाटक और चिन्तन-दर्शन के धरातल पर एक बड़ी परिक्रमा की है। रचनात्मक ऊर्जा और कौशल में भारतीय जीवन के 'भीतर' और 'बाहर' की जुगलबन्दी की है। हाँ कमी विज्ञान और तकनोलॉजी की पाठ्य सामग्री में है।

वैद : कृष्णा, आपसे क्षमा माँगते हुए मैं यहाँ अंग्रेज़ी में लिखे गए भारतीय लेखन के बारे में दो शब्द कहना चाहूँगा। अगर तीन दिग्गजों—मुल्कराज आनन्द, राजा राव,

आर.के. नारायण—के बाद के लेखकों की बात करें तो उनमें से अधिकतर अपने काम में भारतीयता के नाम पर वही तत्त्व (भाषा और वातावरण के) और वही तथ्य (रस्मो-रिवाज, रहन-सहन, दर्शनादि के) सजाते और परोसते हैं जो, उनकी दृष्टि में, उनके काम को पश्चिम में प्रिय बना सकते हैं, बिकाऊ बना सकते हैं, बड़े-बड़े एडवांस दिलवा सकते हैं। अधिकतर लेखकों की बात कर रहा हूँ। अपवादों की नहीं।

कृष्णा, जिस तरह कुछ देर पहले मैं बोल-चाल की भाषा को लेकर आपसे आंशिक तौर पर असहमत हुआ था, उसी तरह ही सादगी को लेकर मैं कुछ कहने का दुस्साहस करना चाहता हूँ। सादगी बहुत बड़ी चीज़ है, बहुत बड़ा गुण है, इतना तो मैं मान लूँगा; यह बात भी कि कई बड़े लेखकों और कलाकारों में यह गुण है और इसी गुण के कारण वे बड़े हैं। लेकिन यह मान लेना मेरे लिए मुश्किल है कि सादगी के बग़ैर कोई लेखक या कलाकार बड़ा हो ही नहीं सकता। जायस, टामस मान्न, प्रूस्त, निराला, मुक्तिबोध, रेणु सब बड़े कलाकार हैं लेकिन वे सब 'सादा' नहीं। तॉल्सताय, जो सादगी के सबसे बड़े हिमायती थे, अपनी महान कृतियों में सादा नहीं। इन सबको पढ़ने और पकड़ने के लिए मेहनत की ज़रूरत रहती है। पहली या दूसरी पढ़त में वे पकड़ में नहीं आते। एक बात और—सादगी और इकहरेपन में अन्तर करना ज़रूरी है। सादगी की भी अपनी पेचीदगियाँ

होती हैं, और पेचीदगी की अपनी सादगियाँ।

बोलियों और अन्य भारतीय भाषाओं और अंग्रेज़ी से हिन्दी भाषा और साहित्य बहुत ताक़त और ताज़गी बटोर सकता है, इसमें कोई शक नहीं, किसी आपत्ति की गुंजाइश नहीं। हाँ, मुझे लगता है कि इस विषय में मतभेद हो सकता है कि उत्कृष्टता की दृष्टि से हम आज कहाँ हैं। मैं समझता हूँ कि हमें अभी बहुत कुछ हासिल करना है। सामूहिक तौर पर भी, व्यक्तिगत तौर पर भी।

सोबती : के.बी. आपकी बात समझ रही हूँ पर कहूँ कि कहीं अटकी हुई भी हूँ तो ग़लत न होगा। भाषा की ऊपरी तह से अलग हर पाठ की अन्तर्निहित पेंचीदगी,

दुरूहता और सहजपन बना रहता है। भाषायी कलेवर में शब्दों की सादगी मात्र लेखक के शाब्दिक स्त्रोत की सीमा नहीं हो सकती। लेकिन इस सादगी के पिछवाड़े गहरे में फैली कथ्य की ख़ामोशियाँ अगर उलझी हुई हैं तो सादा-सहज ज़बान उन्हें समझने में पाठक की मदद करती है। वैसे मैं अपने तईं यह मानती हूँ कि भाषा की सादगी एक बड़ा गुण है। सादगी से लिखना भी कम मुश्किल नहीं।

हम सभी जानते हैं कि कोई भी कृति सिर्फ़ तभी ही नहीं लिखी जा रही होती जब हम क़लम से उसे पन्नों पर फैला रहे होते हैं–वह तो न जाने कब से लेखक के जाने-अनजाने भी उसके दिल-दिमाग़ और संवेदन में बिना शब्दों के अपनी जड़ें जमा रही होती हैं। कुछ रचनाएँ देर तक अन्दर ही अन्दर कसमसाती-कुलबुलाती रहती हैं, अन्तरंग आत्मा से छनकर लेखक के रचनात्मक द्वार को खटखटाती हैं। भाषा द्वारा कृति की रचनात्मकता को घेरते हुए पुराने अभ्यस्त हाथ दिल-दिमाग़ के स्त्रोतों से उभरती उन प्राणवान कृपाओं की प्रतीक्षा में बने रहते हैं जो लेखकीय जीवन के परिवेश, सोच और अनुभव के सम्मिश्रण से प्रस्तुति में स्पन्दित होती हैं।

कहना होगा, किसी भी कथ्य को अभिव्यक्ति तक लाते समय आप उस मौन संवेदन में से गुज़र चुके होते हैं जिसको अन्ततः आपके शब्दों तक पहुँचना होता है। विचार, भाव, पात्र और स्थितियों को सबसे पहले लेखक

अपने आप तक सम्प्रेषित करता है। आपके पाठ की किसी भी पंक्ति, संवाद और वृत्तान्त पर पाठक का आधिपत्य बहुत बाद में होता है। के.बी. यह सायास नहीं कि आप सादगी तक पहुँचते हैं। मुझे लगता है सादगी शब्दों में नहीं प्रस्तुति की उस गूँथ में है जिसे आप व्यक्त कर रहे हैं। मैं कहना चाहूँगी कि सादगी की सिद्धि एक मुश्किल काम है। यह दरअसल लेखक की आन्तरिक प्रक्रिया और सांस्कृतिक संस्कार का भी परिष्कार है।

वैद : तो अन्तिम फ़ैसला क्या हुआ?

सोबती : अन्तिम फ़ैसला? कोई अन्तिम फ़ैसला नहीं, क्योंकि पाठकों की बेहिसाब श्रेणियाँ हैं। हमारे यहाँ जनसंख्या का आधा भाग अभी भी अशिक्षित है। फिर भी शिक्षितों की ओर से हम यह नहीं कह सकते हैं, क्योंकि मुक्तिबोध सहल नहीं हैं, तो उन्हें भूल जाया जाएगा। भीष्म साहनी सादा हैं–उन्हें ही पढ़ा जाए।

के.बी. यही बात सर्वेश्वर, शमशेर और त्रिलोचन के सन्दर्भ में भी सच है। 'सादगी' को मैं वैसे नहीं देख पा रही जैसे आप उसे भाषायी लिखित के स्वरूप में देख रहे हैं। मैं उसे रचनात्मक विशेषण की तरह नहीं लेखक के अन्तर में फ़िल्टर की तरह अन्तिम परिणाम की ही तरह देख रही हूँ। 'ज़िन्दगीनामा' और 'गुज़रा हुआ ज़माना' पश्चिमी पंजाब की एक ही भौगोलिक

और सांस्कृतिक पट्टी से उठाए गए हैं। गाँव और क़स्बे का फ़र्क़ साफ़ लक्षित है। इलाक़ा एक होते हुए भी टैक्स्ट का ताना-बाना बदल जाता है। विषय का चुनाव लेखकीय अधिकार में आता है। इसी के साथ जुड़ा है लेखक द्वारा कथ्य का चुनाव और उसकी भाषा तय करने की छूट। हाँ, 'ज़िन्दगीनामा' जिस खेतिहर समाज का चित्रण है उसे प्रस्तुत करने के लिए 'ऐ लड़की,' 'मित्रो मरजानी', या 'यारों के यार' के मुहावरे की दरकार नहीं थी।

मेरे निकट यह न बोलियों और भाषाओं में मुठभेड़ थी और न ही स्थानीय शब्दों के प्रयोग का अतिरिक्त आग्रह था। 'कथ्य' की माँग का सम्बन्ध विभाजन से था। विभाजन का निर्णय अन्तिम था और जो पीछे छूट गया था वह हमारे लिए दुबारा लौटकर आनेवाला नहीं था। मेरे हाथ में उस गुज़रे हुए, गुज़र चुके ज़माने का यह एक आख्यान था, वृत्तान्त था। हमेशा के लिए हमसे दूर हो चुके ज़िन्दगी के टुकड़ों का, धड़कते हुए मुखड़ों के शोर का विराम। स्मृति में अंकित कर लेने के लिए मुझे जो भाषा और मुहावरा ठीक लगा, मैंने उसे इस्तेमाल किया। यह मेरे कथ्य और शिल्प दोनों के लिए लाज़मी था। शब्द और शब्दों की तानें—उस शोर की और उस लय में से झाँकते अर्थ। अब वहाँ से उखड़े लोगों के कानों में उनकी गूँज ही बाक़ी थी और जो बिल्कुल नए शोर से आक्रान्त और आतंकित थी। इसीलिए भाषा के

इस्तेमाल को लेकर मैं आपसे सहमत होने में अपने को असमर्थ पाती हूँ कि पाठक और लेखक की मनोवृत्ति का मानकीकरण किया जाना चाहिए। मेरे सामने एक ख़त्म हुए भूगोल और इतिहास के कालखंड को अंकित करने की चुनौती थी।

यह विद्वानों की पद्धति है, जैसा चाहें करें। सच पूछिए तो हम जैसे लेखक नए प्रयोग करने से बाज़ नहीं आते। कुछ ग़लत भी नहीं, भाषा इसी से हरियाती रहती है। हर नई फ़सल नया पानी चाहती है। अगर अंग्रेज़ी पाठक को सलमान रशदी स्वीकार हो सकते हैं तो हिन्दी में इसको लेकर इतनी झिझक क्यों?

वैद : मैं सादगी के ख़िलाफ़ हरगिज नहीं, लेकिन सादगी साहित्य का एक गुण हो सकता है, एकमात्र गुण नहीं। इसी तरह सादगी साहित्य-कला की बड़ाई का एक पैमाना हो सकता है, एकमात्र पैमाना नहीं। बहुत-सी बड़ी कृतियाँ शुरू-शुरू में कठिन और दुर्बोध लगती हैं लेकिन बाद में धीरे-धीरे वे भी आसान लगने लगती हैं, ऊपरी पेचीदगी के बावजूद। इस सिलसिले में यह भी कह दूँ कि सादगी किसी कृति को लोकप्रिय बनाने में सहायक हो सकती है लेकिन लोकप्रियता को ही साहित्य की (एकमात्र) कसौटी मान लेना मुझे ग़लत लगता है।

सोबती : के.बी. इजाज़त हो तो कहूँ कि जिस बात का

महीन विवेचन आप कर रहे हैं उसका सम्बन्ध कहीं न कहीं कृति की उत्कृष्टता से भी ज़रूर है। दिलचस्प होगा यह भी जाँचना कि भाषा की लचक या ऐंठन किस तरह से पाठ के वृत्तान्त या संवाद की सरलता में तिरोहित होती है या उसके सार-तत्त्व को बरक़रार रखते हुए भी कलफ़ या चरक की तरह उसकी अभिव्यक्ति को हमवार कर देती है। इस परिष्कार का गुण आपकी अभिव्यक्ति में मिलता है। भीष्म साहनी इससे दूर पड़ते हैं। वह लिखित सहज भाषा से पाठक के निकट रहते हैं।

वैद : सादगी पर आग्रह का एक सिरा सम्प्रेषणीयता से ज़रूर जुड़ता है। सम्प्रेषणीयता के बारे में कुछ भी कहते हुए मुझे झिझक तो हो रही है लेकिन कुछ तो कहना ही होगा। बतौर लेखक मैं अभिव्यक्ति पर अधिक बल देता हूँ, सम्प्रेषणीयता पर कम। सम्प्रेषणीयता अभिव्यक्ति की क़ीमत पर ही मिलती हो तो मैं उससे वंचित रहना क़बूल कर लूँगा। मैं सम्प्रेषणीयता के ख़िलाफ़ नहीं, हो भी कैसे सकता हूँ, लेकिन लिखते समय मैं उसके दबाव को दूर रखना चाहता हूँ ताकि 'प्रिय पाठक' का भूत मुझे अपने उस रास्ते से भटकाए नहीं जिसे मैं शब्द-शब्द खोज रहा हूँ, अँधेरे में टटोल रहा हूँ। सृजनात्मक साहित्य को बाज़ार के प्रभाव से बचाने के लिए मुझे ज़रूरी लगता है कि उस साहित्य को रचते समय लेखक अपने आपको यथासंभव बाहरी प्रभावों और दबावों से

बचाता रहे। कृष्णा, मुझे आश्चर्य होता है कि वही लोग पाठक और सम्प्रेषणीयता की दुहाई सबसे अधिक देते हैं जो बाज़ारवाद और मार्किट के विरोध में सबसे आगे हैं। मुझे समझ में नहीं आता कि साहित्य को एक कमॉडिटी बना डालने के लिए वे इतने उतावले क्यों हैं! अच्छे साहित्य को लोकप्रिय और 'पठनीय' बनाने के लिए अपनी लेखकीय ऊर्जा और आज़ादी से छेड़छाड़ मैं नहीं करना चाहता।

सोबती : माफ़ कीजिए, मुझे लगता है आप लोकप्रियता और सम्प्रेषणीयता दोनों को एक ही हल्के तराज़ू पर रखकर उन गम्भीर लेखकों के प्रति ज़्यादती कर रहे हैं जो अभिव्यक्ति के लिए सादा जुबान चुनते हैं। आप अपने अनुभव को किसी दूसरे की भाषा में क्यों प्रस्तुत करें? सादा ज़ुबान लिखना अपने आपमें कम मुश्किल नहीं। भाषा सिर्फ़ वह नहीं जिसे हम व्याकरण के मुताबिक़ सीखते-पढ़ते हैं। लिखते हैं। भाषा वह भी है जिसे आप जीते हैं, जी कर अर्जित करते हैं। रचनात्मक स्तर पर उसका प्रयोग करते हैं। सच तो यह है कि भाषा व्यक्ति की मनोवृत्ति, मनोभाव और संवेदन को प्रत्यक्ष और प्रतिबिम्बित करती है।

हम मुक्तिबोध से सीधी-सादी भाषा की अपेक्षा नहीं करते। श्रीकान्त से 'मगध' में सरलता में भी आतंकित करती भाषा की ही उम्मीद करते हैं।

मैं अपनी भाषा को आपकी निगाह से जाँचते हुए भी बेझिझक कह सकती हूँ कि सादी सरल भाषा सिर्फ़ पठनीयता का ही नुस्ख़ा नहीं, वह भाषा का परिष्कार भी है। सीधी-सादी लगनेवाली भाषा पेचीदा भी हो सकती है। भाषा विभिन्न रूपों में बदलती है। हर लेखक के पाठ में अलग-अलग ढंग से उघड़ती, उभरती है। उदाहरण के लिए प्रेमचन्द और राही मासूम रज़ा, रेणु, धर्मवीर भारती और नरेश मेहता, भगवतीचरण वर्मा और अमृतलाल नागर के भाषायी कथ्य एक दूसरे से बहुत दूर पड़ते हैं।

आप जिस बात पर रुक रहे हैं वह सम्प्रेषणीयता की बात है—सादगी की नहीं। आज का औसत पाठक जो पत्र-पत्रिकाओं की पठन सामग्री में झाँक रहा है वह अपने में इतनी तालीम तो जगा रहा है कि कृति को पढ़ते-पढ़ते उसमें से कुछ ऐसा भी ढूँढ़ ले जो उसे समझ आता हो। सादगी की बात को लेकर मैं परेशान नहीं हूँ, मगर फिर भी इतना तो कहना चाहूँगी कि शैली और अंदाज़ सादा हों या उलझे हुए वे लेखकीय व्यक्तित्व और उसकी बौद्धिक प्रेरणाओं को भी प्रतिबिम्बित करते हैं।

वैद : जी हाँ, मैं आपकी इस बात से सहमत हूँ कि मुक्तिबोध को पढ़नेवाले और तुलसी रामायण को पढ़नेवालों की श्रेणी अलग है।

सोबती : वैसे आप भी पाठ में सादगी के प्रश्नों को कुछ ऐसे देख रहे हैं जैसे थोड़े से फ़र्क़ के साथ उसे मैं देख रही हूँ। भाषा की बे-हिसाब पर्तें होती हैं। अनेकों रंग जितने अपने संवेदन के विस्तार से पकड़े जा सकते हैं, उतने ही मुखड़े हम अपनी रचना में प्रस्तुत कर सकते हैं। पेचीदगी और सादगी का सम्बन्ध लेखक की आन्तरिक प्रकृति और प्रवृत्ति से भी है। एक अभिव्यक्ति सपाट, बेहद उलझी हुई भी हो सकती है और अनावश्यक रूप से संश्लिष्ट अनुभूति और अर्थ में निहायत सादा भी। मुझे लगता है, इसका सम्बन्ध हमारे व्यक्तित्व और उसके अनुवांशिक गुण-दोष और निखार से भी है! जिस तरह कुछ लोग सीधे-सादे होते हुए भी अपनी आन्तरिक व्यवस्था में महीन तागों से उलझे हुए हो सकते हैं। मैं अपने तईं उस पाठ को अच्छा समझती हूँ, जो सादगी और तरतीब से विचार और भाव को ऐसे प्रस्तुत करे कि उसके सम्प्रेषण से दिल-दिमाग़ दोनों एक साथ तरंगित हों। पाठ की भाषायी प्रस्तुति जो मूल आन्तरिक भाव की शाब्दिक ऊर्जा को बनाए रख सके—मैं पाठ की इसी ख़ूबी को सादगी मानना पसन्द करूँगी।

के.बी. एक बात कहना चाहती हूँ—फ़र्ज़ कीजिए आप अंग्रेज़ी में लिख रहे होते तो आपकी रचनात्मक प्रस्तुति को कहीं ज़्यादा पाठक मिलते। प्रबुद्ध पाठक।

वैद : पता नहीं आप मुझ पर कोई वार कर रही हैं या मेरी दिलजोई कर रही हैं। जो हो, मैं आपकी इस बात पर चुप ही मार जाऊँ तो बेहतर होगा। इतना कह देना चाहता हूँ कि मेरे जैसा बेवकूफ़ लेखक अभिव्यक्ति के लिए भाषा विशेष का चुनाव पाठकों की संख्या बढ़ाने के लिए नहीं करता। अंग्रेज़ी को अपने सृजनकार्य का माध्यम मैंने नहीं बनाया, जान-बूझकर नहीं बनाया, और इसे मैं अपनी भूल या बेवकूफ़ी मान लेने के लिए तैयार नहीं। इसलिए इस बात को लेकर मेरे मन में पश्चात्ताप का काँटा नहीं।

सोबती : मैं हिन्दी और अंग्रेज़ी के भाषायी समाज और सांस्कृतिक संस्कार का फ़र्क़ बख़ूबी समझती हूँ। यह बात मैं किसी के विरुद्ध या हक़ में नहीं कर रही। पचास वर्षों के बाद हिन्दीभाषी हिन्दी से आँखें नहीं चुरा रहा, यह उत्साहित करनेवाली बात है। जनसंख्या विस्फोट के कारण देसी साहित्य पढ़नेवाले पाठकों की श्रेणियाँ भी अनेक हैं। हाँ, यह विभाजन हिन्दी पाठकों की संख्या ज़रूर कम करता है। शिक्षित, अर्द्धशिक्षित, साक्षर, अर्द्धसाक्षर पढ़नेवालों के विभिन्न स्तर हैं और विभिन्न ही पाठकीय माँगें हैं। अंग्रेज़ी के मुक़ाबले पुस्तकों की बिक्री कैसे हो। ख़ासतौर पर जब सामाजिक स्तर पर हिन्दी की उपेक्षा हो। मेरे अपने पास एक प्रबुद्ध पाठक वर्ग है। मैं उसे लेकर सन्तुष्ट हूँ। मेरा रॉयल्टी

स्टेटमेंट कहता है कि मैं लोकप्रियता के निशान से ख़ासी दूर हूँ। इसकी चिन्ता ने मुझे आज तक नहीं सताया।

अंग्रेज़ी में भारतीय भाषाओं के बेशुमार शब्द इस्तेमाल हुए हैं, हो रहे हैं और अंग्रेज़ीभाषी पाठकों और विद्वानों द्वारा स्वीकार कर लिये गए हैं। हिन्दी के सन्दर्भ में हम इस ओर भी क्यों न देखें। हिन्दी मात्र हिन्दीभाषी प्रदेशों की ही भाषा नहीं है और अगर वह राष्ट्रीय भाषा कहलवाने की अधिकारी है तो हमें भी अपनी शब्द-सम्पदा का विस्तार करना होगा। भारत में सांस्कृतिक विभिन्नताओं की जिस एकात्मकता की बात की जाती है, हमें उसके लिए जगह बनानी होगी। विभिन्न भाषाओं और बोलियों से उभरते हुए नए शाब्दिक प्रयोगों को बिना हिचक के स्वीकार करना होगा। हम कब तक एक भाषायी मुखड़ेवाली मनोवृत्ति से हिन्दी का अखिल भारतीय प्रसार और प्रचार करेंगे। हमें शुद्धता के नाम पर संकीर्णता और क्लिष्टता नहीं भाषायी लचक पैदा करनी होगी। हिन्दीभाषी प्रदेश अपने मानक दृष्टिकोण को सीध में रखकर कब तक *मैला आँचल* और *ज़िन्दगीनामा* जैसे उपन्यासों को पढ़ने से कतराते रहेंगे। हिन्दी प्रदेशों की भाषायी राजनीति जो भी हो—हमें यह भी याद रखना है कि राष्ट्रभाषा के पद पर आसीन होकर करोड़ों-करोड़ों लोगों द्वारा बोली, समझी और पढ़ी जानेवाली हिन्दी पर सर्वसाधारण का भी दबाव है। राष्ट्रीय सम्प्रेषण-भाषा के रूप में भी उसे अनदेखा

नहीं किया जा सकता।

हाँ, 'दिलो-दानिश' की भाषा की ओर लौटती हूँ। क्या सचमुच 'दिलो-दानिश' की भाषा को हिन्दी से अलग करके देखा जा सकता है। राजधानी के वाचन का यह परिष्कृत मुखड़ा है जिसमें देश-भर की स्थानीयताएँ घुली-मिली हैं। पाठक को यह अटपटा क्यों लगना चाहिए। मैं अपनी सफ़ाई नहीं दे रही हूँ–उस पूर्वग्रह की ओर इशारा कर रही हूँ जो अपने जाने-पहचाने भाषायी स्वरूप से अलग कुछ भी पहचानना नहीं चाहता। जिसके प्रबुद्ध आलोचक होती मरदान, लाला-मूसा, पैड़ियों जैसे शब्दों को न पचा सकें, उससे आप क्या अपेक्षा करेंगे।

वैद : ख़ैर, मैं कहना चाहूँगा मेरी नज़र में आपका लेखन

सादा कम है, पेचीदा अधिक। अच्छे सादा लेखकों में रघुवीर सहाय का नाम लिया जा सकता है, शमशेर या मुक्तिबोध का नहीं, भीष्म साहनी का नाम लिया जा सकता है, रेणु या विनोद कुमार शुक्ल का नहीं।

सोबती : मैं अपनी बात को कुछ ऐसे रखना चाहूँगी। पांडित्य और रचनात्मकता में फ़र्क़ है। उसी तरह जिस तरह साहित्य के ज्ञाता आप जैसे शिक्षक में और मुझ जैसे मात्र लेखक में। हम अपनी ओर से ही देखें तो हम दोनों की रचनात्मक शैली में छोटा नहीं, बड़ा फ़र्क़ है। शब्दों के चुनाव भिन्न हैं। भाषा का विन्यास एक-सा नहीं। पात्रों को, स्थितियों को अरखने-परखने का संवेदन भी अलग है। वह तो लाज़मी ही है। जीविका धन्धे का अनुशासन अलग है तो शैली का अन्दाज भी अलग। उदाहरण के लिए श्रीकान्त सादगी और गहराई को पंक्तियों की बंदिश में बाँधते हुए एक ऐसे विस्तार को संक्षिप्तता देते हैं जो कविता की रेंज को व्यवस्थित करता है। चुस्त-दुरुस्त शब्दों के मुखड़े पाठक के दिल-दिमाग़ को खटखटाते हैं।

वैद : कृष्णा, अभी आपने जो लेखक और विद्वान के अन्तर की ओर इशारा किया, इस इशारे को कुछ विस्तार दीजिए।

सोबती : विद्वान और लेखक में इतना ही फ़र्क़ है जितना मुझमें और आपमें। मैं कुछ ढंग से नहीं कह रही हूँ। आप सिर्फ़ विद्वान ही नहीं लेखक भी हैं। या यूँ कह लें कि लेखक हैं और विद्वान भी। मैं अपने और आपके फ़र्क़ को आपके लेखन से भी पाट लूँ, फिर भी इस तथ्य को अनदेखा नहीं किया जा सकता कि हम दोनों की लिखित में ख़ासी भिन्नता है। यहाँ तक कि आपके सवालों और मेरे जवाबों में भी यह दूरी लगातार बनी रही है।

अगर आपकी विद्वत्ता आपकी सर्जना में लीन होकर एकसम हो जाती है तो दोहरी होकर चमकती है। तुलना में मुझ-सा लेखक अपनी रचनात्मक दौड़ में उस एकांगी एकाग्रता का लाभ उठा सकता है जो अपने रचनात्मक खोल में बहुत कुछ सहेजे और समेटे रहता है। उस बहुत कुछ का रहस्य ही साधारण-सी लेखकीय सर्जना का विस्तार है। जो अगली बात कहने जा रही हूँ वह एक अनुपात में शायद आंशिक रूप में सही हो। बाज़ औकात अकादमिक अन्तर्दृष्टि और उससे जुड़ी जानकारियों की बारीक़बीनी और समझ क्रिएटिव ढाँचे में हस्तक्षेप करती है। उसके वैचारिक और भावनात्मक डोरों को उलझा सकती है। लेखक के निकट साहित्य की तथाकथित समझदारी रचनात्मकता में दख़लअन्दाज़ी कर सकती है। करती है।

चिन्तक वैचारिक की भाषा का मुखड़ा लेखक की

प्रस्तुति से दूर जा पड़ता है। ऐसा नहीं कि लेखक भाव, विचार या मानवीय संवेदन को भाषा के सहारे प्रवाहित नहीं करता पर उसकी रचनात्मक भाषा और पांडित्य की प्रस्तुति में फ़र्क़ होता है।

लेखकीय टैक्स्ट की प्रस्तुति आसान, सादा भाषा में और दूसरा चिन्तन के अनुरूप किसी क्लिष्ट भाषा में। हम क्यों न मान लें कि चिन्तन का भाषायी मुखड़ा रचनात्मक पाठ से अलग पड़ता है।

वैद : सारांश यह कि लेखक विद्वान हो सकता है, दार्शनिक भी हो सकता है, लेकिन अपनी सृजनात्मकता की शर्तों पर। उसकी जानकारियाँ सृजनात्मक छलनी में से छनकर आती हैं। दूसरी तरफ़ रूखे-सूखे विद्वान के ज्ञान में वह चिंगारी नहीं होती जो सृजन के लिए ज़रूरी है। अगर किसी विद्वान में वैसी चिंगारी है तो उसकी विद्वत्ता का ताप अलग क़िस्म का होगा। ऐसे सर्जक-विद्वान दुर्लभ भी हैं, कठिन भी। कबीर का ज्ञान विज्ञान के ज्ञान से भिन्न है। हम अगर आधुनिक लेखकों की बात करें तो उनके लिए ज्ञान उतना ज़रूरी नहीं जितना ध्यान। ज्ञान भीं ध्यान की तपिश के बाद मात्र ज्ञान नहीं रहता। कहा जा सकता है कि एक हद के बाद ज्ञान और ध्यान का अन्तर गौण हो जाता है।

सोबती : आप मुझ जैसे लेखक की स्वभावगत सीमा

समझ सकते होंगे पर एक व्यक्तिगत सूत्र से आपको परिचित कराना चाहती हूँ। जब मैं किसी रचना पर होती हूँ तो ध्यान एक ही नुक़्ते पर केन्द्रित करती हूँ। मैं जब लिख नहीं रही होती तो मेज़ पर लिखे जा रहे की बात सोचने की कड़ी मनाही है। यह बात आसान नहीं, मुश्किल है पर मैंने इसे साध रखा है। मुझे पक्का विश्वास है कि अगर ऐसा नहीं होता है तो लिखे जा रहे पाठ की भीतरी कौंध पर लेखक की ही सेंध लग जाती है। मतलब यह कि ऐसे झमेलों में ज्ञान कहाँ और ध्यान कहाँ। बक़ौल आपके जब तक इनका अन्तर पाठ में ही विलीन न हो जाए, इनमें से किसी एक को भी अपनी मेज़ पर न जमने दो। अपने से बचाकर अपने पाठ की सुरक्षा करने का एक तरीक़ा यह भी है।

वैद : कृष्णा, अब हमें आगे बढ़ना होगा, बात को आगे बढ़ाना होगा, क्योंकि ऐसा लगता है सादगी, सम्प्रेषणीयता, लोकप्रियता के बारे में हम दोनों ने जो कहना था कह लिया। हमारी आपसी असहमति असल में अब असहमति नहीं रही। हम मानेंगे कि अच्छा काम पेचीदा भी हो सकता है, सादा भी; कि सादगी उतनी ही कठिन हो सकती है, जितनी कि पेचीदगी; कि लोकप्रियता और उत्कृष्टता कभी-कभी एक ही कृति या कृतिकार को नसीब हो जाती हैं लेकिन हमेशा नहीं, और ये सब बातें साहित्य के लिए ही नहीं दूसरी कलाओं के

लिए भी प्रासंगिक और महत्त्वपूर्ण हैं।

कुछ देर पहले आपने हिन्दी मानसिकता का ज़िक्र किया था। हिन्दी मानसिकता से मुराद?

सोबती : इसका विश्लेषण तो भला मैं क्या करूँगी। मैं स्वयं भी इसी मानसिकता की देन हूँ। एक ऐसी सोच जिसमें मात्र व्यक्ति नहीं जन और जनपक्षीय दृष्टि-कोण प्रमुख रहा है। व्यक्ति की निजता को उसके स्थान पर रखते हुए भी स्वीकृति उसी निर्णायक समूह के पास रहती है जिसे हम जनसाधारण कहते हैं। सोच के स्तर पर पचास प्रतिशत परम्परा से जुड़ाव और पचास प्रतिशत भविष्य की ओर उन्मुख। ग़लत न होगा यह कहना कि सदियों तक हमने अपना सामाजिक सन्तुलन इसी कसौटी पर बनाए रखा और दो विरोधी दिशाओं से ऐसे परीक्षण को जारी रखा है।

वैद : बढ़िया बात। बहुत सूक्ष्म। लेकिन इस मानसिकता के साहित्यिक सन्दर्भ के बारे में भी बहुत कुछ कहा जा सकता है। कृष्णा, अब मैं एक और नुक़्ता यहाँ उठाना चाहता हूँ। साहित्य में अश्लीलता, तथाकथित अश्लीलता, के विषय पर मुझे लगता है प्रगतिशीलता और भारतीयता के दावेदार एक साथ खड़े नज़र आएँगे, अकसर। प्रगतिशीलता के दावेदार सामाजिकता की आड़ में खड़े होकर तथाकथित अश्लीलता के ख़िलाफ़ नारे लगाते हैं तो भारतीयता के दावेदार भारतीय संस्कृति और मर्यादा

की आड़ में खड़े होकर। कहना ही होगा कि भारतीयता का आग्रह अधिक ख़तरनाक है, अधिक कलाविरोधी है, अधिक प्रतिगामी है। अगर इसका मुक़ाबला सतर्कता से न किया गया तो हम पीछे की तरफ़ जा सकते हैं—संस्कृति के एक कुत्सित, सीमित और विकृत रूप को ही आदर्श रूप के तौर पर हमारे सामने रखा जा रहा है।

मैं समझता हूँ आजकल के ज़माने में कोई ऐसा विषय नहीं, कोई ऐसा क्षेत्र नहीं, कोई ऐसा वर्णन नहीं जो लेखक या कलाकार के लिए वर्जित हो—कोई ऐसी भाषा संवेदना नहीं जो उसके लिए वर्जित हो, कोई ऐसी कल्पना नहीं जो उसके लिए वर्जित हो। हमें बल इस बात पर देना चाहिए कि इस आज़ादी और अवर्जना का कलात्मक उपयोग वह कैसे करता है। यह सरलीकृत धारणा कि तथाकथित अश्लीलता पश्चिम की देन है, मेरे ख़याल में ग़लत है। हमारे यहाँ तथाकथित अश्लीलता, जो वास्तव में अश्लीलता न होकर शारीरिकता का खुला और निर्भीक और अकुंठित स्वीकार्य ही है, सदियों से चली आ रही है और हमारे साहित्य-कला-बोध का अभिन्न अंग रही है। रही बात सामाजिक कुरीतियों वग़ैरह की तो उनकी हमारे यहाँ कभी कोई कमी नहीं रहीं। उनके लिए भी पश्चिम को दोष देते रहना ग़लत है। पश्चिम को जो दोष दिए जाने चाहिए, हम अवश्य दें, लेकिन भारतीयता के नाम पर अपनी कुरीतियों पर पर्दा डाले रहना भी ग़लत और हानिकारक है, यह बात

हमें नहीं भूलनी चाहिए। भारतीयता के दावेदार इस तथ्य के प्रति अन्धे न जाने क्यों हैं?

सोबती : किसी भी लेखक को सैक्स का सच ढूँढ़ने के लिए कीचड़ से लिथड़ी शब्दावली के सहारे की ज़रूरत नहीं। सैक्स साहित्य की रचनात्मक गूँथ का प्रमुख अंग है। जीवन के यथार्थ का भाव और अर्थ, सभी इसकी सृजनात्मक धुरी पर घूमते रहते हैं। इन दोनों का रिश्ता इतना ही पुराना है जितना प्राचीन शब्द संस्कृति और साहित्य का। उतना ही सनातन जितना शास्त्र है–धर्म है, कर्मकांड है, कविता है, भाव, अनुभाव और प्रेम-प्यार है, ममता है। मानवीय अस्तित्व का यह प्राकृतिक सम्मिश्रण है। ऐसे सनातन भाव और क्रिया को मात्र शारीरिक क्रिया के रूप में सीमित करके यहाँ-वहाँ इसकी-उसकी खिल्ली उड़ाना, देह से रिसने-रिसाने के दैहिक तथ्यों का मज़ाक़ करना मानवीय संहिता के विरुद्ध है। विशेषकर जब हम इसे साहित्यिक और सामाजिक मानदंडों से माप-जाँच रहे हों।

मानवीय उत्पत्ति की इस मानसिक और शारीरिक तरंग का जितना गहरा प्रभाव है उतना ही गम्भीर इसकी टूटन भी है। आज हमें विशेषज्ञों द्वारा दी गई बेहिसाब जानकारियाँ उपलब्ध हैं जिनसे मानवीय सम्बन्धों और शारीरिक दबावों की बात समझी जा सकती है।

वैद : कृष्णा, कभी-कभी किसी-किसी लेखक को किसी सन्दर्भ विशेष में कीचड़ से लिथड़ी हुई भाषा का सहारा भी लेना पड़ सकता है। कीचड़ भी जीवन का और जीवन के यथार्थ का एक अंग है। लेखक कीचड़ में से गुज़रते हुए पाइंचा उठाकर ही चले, यह ज़रूरी नहीं। सैक्स कभी-कभी हास्यास्पद भी लग सकता है, इसलिए उसके इस पक्ष को भी अगर कोई लेखक अपना विषय बनाता है तो इसमें किसी को आपत्ति क्यों हो?

असल में सैक्स को लेकर हमारे आज के भारतीय समाज में भाँति-भाँति की कुंठाएँ और बेईमानियाँ हैं। कभी सैकड़ों साल पहले हमारा समाज इसे लेकर अकुंठित और सहज और ईमानदार रहा होगा लेकिन आजकल तो वह हरगिज़ नहीं। इस कुंठा और असहजता के कारणों की तलाश की जा सकती है। मैं फ़िलहाल उसमें उलझना नहीं चाहता। अब कुंठा है तो अपराधबोध भी होगा, भले ही वह एक तरह की एलिबाई ही हो, एक प्रकार का पाखंड ही हो।

सोबती : माफ़ कीजिएगा–बीच में टोक रही हूँ। हमारे यहाँ नैतिकता और आदर्शों का घालमेल कुछ ज़्यादा ही है। एक ख़ास तरह की संस्कारी बेईमानी। हम ऐसी बहुत-सी बातों में निपुण हैं। इन दिनों ऐसे रचनात्मक प्रसंगों को राजधर्म और राजनीति के नाम पर प्रचारित भी किया जा रहा है। प्रबुद्धों से कुल सहमति की उम्मीद की अपेक्षा और किसी न किसी बहाने बिछाए सिधाए गए इरादों को मुलायमियत और विनम्रता से तहस-नहस करना भी कुछ अनोखा नहीं रह गया। हम सभी इससे परिचित हैं। इन गलियारों की परिक्रमा में से निकलते प्रशस्ति-गान भी लोकतन्त्र के नाम पर दरबारी चुहल का ही गम्भीर रूप प्रस्तुत करते हैं।

वैद : हम जो झूठ जीते और बोलते हैं, उसे शास्त्रों के हवाले से जायज़ भी ठहरा देते हैं।

सोबती : जी हाँ।

वैद : हाथी को मार दिया जाता है और कह दिया जाता है अश्वत्थामा मारा गया–और फिर ज़ेरलब कह दिया जाता है, हाथी! हाँ, तो बात अपराधबोध की हो रही थी। सैक्स को लेकर कई लेखक भी उतने ही कुंठित हैं जितना कि बाक़ी का समाज। अकुंठित लेखक भी अपराधबोध के चित्रण से परहेज़ नहीं कर सकता, अगर उसका कोई चरित्र अपराधबोध से ग्रस्त हो या अपराधबोध का पाखंड रच रहा हो तो। कृष्णा, अगर

इजाज़त हो तो यहाँ एक अलग विषय उठा दूँ। लेखक और सियासत को लेकर?

कुछ लेखक स्वभाव से सक्रिय सियासत में रुचि रखते हैं, उसमें शरीक हो जाते हैं, इसी तरह कुछ लेखक स्वभाव से सक्रिय सियासत में रुचि नहीं रखते, उसमें शरीक नहीं होते। इसके अलावा भी हर लेखक अपनी सोच और अभिव्यक्ति की आज़ादी की रक्षा करना चाहता है, इसीलिए किसी विचारधारा विशेष से प्रतिबद्ध होते हुए भी कई लेखक किसी पार्टी का सदस्य नहीं बनते या उसकी सदस्यता छोड़ देते हैं। मेरे विचार में हर लेखक को अपने स्वभाव और अपनी प्राथमिकताओं के आधार पर यह निर्णय लेने का अधिकार होना चाहिए कि वह राजनीति के साथ किस प्रकार का और किस सक्रियता का सम्बन्ध स्थापित करे। और उसे यह अधिकार तो होना ही चाहिए कि अगर वह चाहे तो उससे बिलकुल दूर रहे। मैं लेखक और कलाकार की आज़ादी का पक्षधर हूँ।

सोबती : इस गम्भीर मुद्दे को आप बहुत ही सरलता और सादगी से ले रहे हैं। इतने सुभीते से अगर लेखकगण अपनी और बाहर की राजनीति से निपट सकते तो परेशानी ही कहाँ थी। लेखक के अनुशासनीय कर्म के साथ उसके धर्म की तरह राजनीति भी जुटी-बँधी है। वह अपनी लेखकीय अस्मिता और

आज़ादी की देख-रेख कैसे करता है, यह लेखक के अपने ऊपर मुनहसिर है।

सियासत में रुचि रखना या सक्रिय राजनीति में हिस्सा लेना, अथवा अपनी सृजनात्मक सुरक्षा के अनुरूप, स्वहित के अनुकूल अपनी कार्यक्षमताओं पर अंकुश लगाए रखना, यह सभी प्रश्न गहरी पड़ताल की अपेक्षा रखते हैं। हम सभी जानते हैं कि प्रबुद्धों की राजनीति का स्रोत राजनैतिक दल नहीं, बुद्धिजीवियों की अपनी विचारशक्ति है। लेखक की कर्मठता और सतर्कता अपने आन्तरिक की ओर आँख रखती है और 'बाह्य' पर दूरभेदी दृष्टि। यूँ पूरे लेखक समाज को इस बात की छूट है कि वह अपने अनुशासन से जैसे सम्बन्ध रखना चाहे, रखे। व्यवस्था के सन्दर्भ में अपनी मनचाही राजनीति तय करे। किसी भी राजनैतिक दल के पक्ष में अपनी सक्रियता और साझेदारी का निर्णय ले। पार्टी के सिद्धान्तों की अपनी कार्य संस्कृति द्वारा पैरवी करे या उसका विरोध। क़ीमत किसी न किसी रूप में लेखक को ही चुकानी पड़ेगी। पिछले कुछ दशकों में यह खेल किस ख़ूबी से खेला जा रहा है–हम सभी इससे परिचित हैं। यह विचारधारा विशेष की प्रतिबद्धता है या स्वहित का विकल्प, यह देर-सवेर उजागर होता ही है। अगर आप पार्टी के मंच से उसके दर्शन और आस्थाओं का राग अलापते रहे तो उस पर किसे ऐतराज़ हो सकता है। हमने अपने कुछ समवर्तियों को पार्टी की ख़ामियों को 26 कैरेट सोना

बनाकर प्रस्तुत करते देखा है। हममें से कोई भी पार्टी विचारधारा का मसीहा बनना चाहे तो किसे ऐतराज़ हो सकता है। आख़िर हर नागरिक अपने स्वभाव, रुचि और आदर्शों के अनुरूप अपनी प्रतिबद्धता, रचनात्मकता और पार्टी लाइन के बीच सन्तुलन बिठा सकता है। विवेकहीन मुठभेड़ी हरकतों पर अगर हम चुप्पी साधे रहें या ख़ामोशी से सहमति दें तो क्या हमसे हमारा व्यक्तित्व छीन लिया जाएगा!

लेखक और सत्ता के सम्बन्धों पर साहित्यकारों और विचारकों द्वारा बहुत-कुछ कहा-सुना और लिखा गया है। साहित्य और साहित्यकार को आतंकित करती शक्तियाँ जब लेखक और लेखन की सीमाएँ निर्धारित करती हैं तो साहित्यकार की नागरिक के मूल अधिकारों की राजनीति से मुठभेड़ होती है। यहीं से व्यवस्था को सुव्यवस्थित देखनेवाली अराजकता का आरम्भ होता है। ऐसे में प्रबुद्धों के गिरोह स्वयं अपने लेखन के लिए ख़तरा बन जाते हैं। या तो ऊँची छलाँगों से धड़ाधड़ ऊपर, या कार्य सम्भावनाओं पर काली परछाइयाँ पसरने लगती हैं। इस ख़तरे से तो हम सभी लेखक भलीभाँति अवगत हैं, पर किसी भी बौद्धिक तानाशाही के बाहर खड़े रहना और लेखक के मौलिक रूप में बने रहना जीवट का काम है। के.बी., मैं 'नए और पुराने' ख़ेमों की ओर इशारा नहीं कर रही। राजनीतिक व्यवस्था और तन्त्र की चौखटों में जो सुविधाओं और सम्पन्नता के लिए भ्रष्टाचार धँस चुका है,

उसने न क़लम को अछूता रखा है और न समाज को। फिर भी हम जैसे प्राचीन पुरानी लेखकीय संहिता और मूल्यों को भूलना नहीं चाहते। शायद इसे ही पुराने वक़्तों और मूल्यों को जीना कहा जाता है। हालाँकि हम अच्छे से जानते हैं कि यह वह बारीक़ गोरखधन्धा है जिसका ताना-बाना बाज़ार में अटेरा जा रहा है।

वैद : मैं इसमें कुछ और जोड़ने की स्थिति में नहीं।

सोबती : मैं कहना यह चाहती हूँ और आप इससे सहमत होंगे कि साहित्य में रचनात्मक लेखन विविध रूपों में परिवर्तित हो रहा है। उसने जीवन अनुभव, भाषा और शैली के स्तर पर नए आयाम खोले हैं। नए तेवर दिए हैं, भाषा और सोच के स्तर पर एकसाथ सहज उन्मुक्त। सच तो यह भी कि नई पीढ़ियों ने इस प्रक्रिया में बहुत से फेर-बदल किए हैं! उनके निकट राजनीति अब विचारधारा नहीं-वह जीवन का अभिन्न अंग है। उसका व्यावहारिक मुखड़ा जिन दबावों के चलते नागरिक समाज के विभिन्न वर्गों को धकेलता, ठेलता और झेलता है उसका विवरण हम नई रचनात्मकता में पाते हैं। स्त्री लेखन, दलित लेखन और पिछड़ों द्वारा लिखा जानेवाला साहित्य इन तमाम हलचलों को प्रतिबिम्बित करता है। लिखित के अनघड़पन से अलग आप उसमें एक नई सोच, एक नई ऊर्जा पाते हैं जो पुराने लेखकों के पाठ से अलग और आगे है। पीढ़ियों

के बीच की दूरी समय की रफ़्तार की ओर इशारा करती है। अपनी पुरानी पीढ़ी की निगाह से देखें तो स्वतन्त्रताप्राप्ति के बाद की अर्द्धशती में भारतीय मानस और विचार ने लोकतान्त्रिक मूल्यों की गहरी चेतना को अंकित किया है। साहित्य से उभर रहे विचार की गति संगति और विसंगतियाँ पुराने ढर्रे से एक नए नागरिक और भूमंडलीकरण संस्कार की ओर बढ़ने की प्रक्रिया में हैं।

वैद : कृष्णा, आप कुछ ज़्यादा ही आश्वस्त और आशावान नज़र आती हैं। मैं काफ़ी पीछे छूट गया महसूस करता हूँ। ख़ैर! इसे मेरी दृष्टि का दोष कह लीजिए। अब शायद हमें अपने आलोचनात्मक माहौल के बारे में भी कुछ कहना चाहिए।

सोबती : मैं आपसे सहमत हूँ। मैं एक और बात की तरफ़ इशारा करना ज़रूरी समझती हूँ। कुछ दशक पहले तक साहित्यकार साहित्यिक दोस्तियाँ निभाया करते थे। अब साहित्यिक दुश्मनियाँ निभाई जाती हैं। वह भी गर्मजोशी से। तब लेखक समाज अपने सांस्कृतिक संस्कार के तहत मानवीय मूल्यों और सिद्धान्तों को लेकर गतिशील था। अब शब्द संस्कृति की व्यावहारिकता पर राजनैतिक स्वहित ख़ुमार हावी हो चुका है। उसका दबाव साहित्यिक आलोचना पर भी कम नहीं।

दीखती–अदीखती सम्पर्कवाद की परतों को उघाड़ें तो दृश्य भयावह ही दीखेगा। हमारे यहाँ भाषाओं की दुनिया भी छोटी नहीं। एक समय में एक ही समान विधा और विषय पर रचनाएँ लिखी जाती हैं। प्रकाशित कृतियों का मूल्यांकन और आलोचकीय विश्लेषण वैज्ञानिक रूप से इतना विवेकशील और सुव्यवस्थित न भी हो, फिर भी शिक्षित समाज में ओपिनियन मेकिंग की बेहिसाब कोशिशें जारी रहती हैं। समझिए यह एक पूरा गोरखधन्धा है। लेखक भी इसके बाहर नहीं। प्रकाशकों और पत्रकारों के सहारे किसी न किसी रूप में इस धकेल में तो शामिल लेखक भी रहते हैं।

कुछ साहित्यिक संस्थानों के 'बड़े मुँह' बड़ी गम्भीर मुद्राओं में यह अकसर कहते सुने जाते हैं कि जब तक अमुक को यह पुरस्कार न दिलवा लूँ तब तक चैन से न सो पाऊँगा! शक्ति बाड़ों की अदा है!

के.बी. एक बात बहुत दिलचस्प है कि हमारे समाज में बेचारे लेखक का रुतबा इतना बड़ा नहीं फिर भी उसे 'पैटरनाइज' करने का सुख शायद अद्‌भुत ही होता होगा। इस पर राजनीति का दबदबा। दलगत अदा कुछ ऐसी कि जो मेरे संस्कारों और विचारों के अनुरूप लिखे वह तो लेखन है बाक़ी तो सब प्रकाशित सामग्री का ढेर है, मलबा है।

हाँ, हमारा हिन्दी समाज लेखक से इतनी अपेक्षाएँ रखता है कि उसके 'समय' को बेहिसाब इस्तेमाल करता है।

एक ही समारोह में एक मुख्य अतिथि, एक विशिष्ट अतिथि, एक मुख्य वक्ता, कुछ गौण वक्ता और एक भारी-भरकम अध्यक्ष। हम क्या सचमुच समय को अन्धाधुंध ख़र्च करने में विश्वास करते हैं? समारोह में लेखक के भले तीन घंटे लगे हों, पर वहाँ प्रोग्राम का विस्तार जारी रहता है। सरोकारों, सांस्कृतिक संस्थानों में शामिल होने के लिए भत्ते का कुछ प्रावधान है लेकिन अन्य संस्थाएँ विनम्रतापूर्वक लेखकों का धन्यवाद करके ही सब कुछ निपटा देती हैं। होना तो यह चाहिए कि जहाँ लेखकगण इकट्‌ठा हों– उनके द्वारा कोई प्रस्तुति हो, वहाँ श्रोता 'टिकट' ख़रीदे। चाहे आप एक रुपए से शुरू करें–मगर सभी समारोहों में शामिल होने के लिए यह ज़रूरी होना चाहिए। असल बात तो यह कि हमारा श्रोता और पाठक इस भावना से ग्रसित है कि लेखक के समय की कोई क़ीमत नहीं। ऐसा कहने में शायद मैं कुछ ज़्यादती कर रही हूँ। इन सब छोटे-बड़े मसलों के बावजूद हम लेखन से नए समय की आहटें लगातार सुन रहे हैं। यक़ीनन यह हमारे पिछले समय से अलग होना चाहिए।

वैद : आप बिलकुल ठीक कह रही हैं। हमारा बहुत-सा समय ऐसे सरसरी साहित्यिक आयोजनों में व्यर्थ होता है जिनमें से निकलता कुछ नहीं, या जो निकलता है उसका ताल्लुक़ अहंतुष्टि से ही होता है, साहित्यालोचना

से नहीं। कृष्णा, आलोचना की ज़रूरत और अहमियत पर सोचें तो आलोचना की ज़रूरत पाठक को लेखक से अधिक होती है क्योंकि लेखक तो अकसर ख़ुद अपना आलोचक होता ही है, भले ही वह बाक़ायदा आलोचना न करे या आलोचकीय विमर्श में शरीक न हो। आलोचक पाठक और लेखक के बीच एक सजग संवाद का माहौल बनाता है, पाठक को लेखक के क़रीब लाता है, दुर्बोध रचनाओं को अपनी व्याख्या से सुगम बनाता है, एक अनुकूल साहित्यिक वातावरण बनाता है, साहित्यिक स्मृति को हरा-भरा रखने में सहायक होता है, नई प्रतिभाओं को खोज निकालने और प्रोत्साहित करने में बेश-बेश होता है, प्रतिष्ठितों को शिथिलता से बचाने में सहायक होता है– संक्षेप में यही कि आलोचना और आलोचक की हमारे साहित्यिक परिदृश्य में केन्द्रीय भूमिका होनी चाहिए थी, हो सकती थी, लेकिन हुई नहीं, है नहीं। और इसका मुझे भी उतना ही खेद है जितना आपको, और मेरा ख़याल है सभी लेखकों को। हमारी आलोचना पुस्तकों के लोकार्पण-विमोचनों के अवसरों पर सरसरी फ़तवों-वक्तव्यों तक ही सीमित होकर रह गई है, और वे सब भी राजनीति और साहित्यिक राजनीति से परिचालित होते हैं, उनमें भी खरी-खुरदरी सच्चाई का अंश बहुत कम होता है। बड़ी आलोचना तो एक तरफ़, छोटी-छोटी अच्छी समीक्षाएँ, जो साहित्यिक पत्रकारिता की रूह कही जा सकती हैं, वे भी हमारे यहाँ दुर्लभ हैं।

इसी सिलसिले में मुझे बहुत अफ़सोस के साथ कहना पड़ता है कि नामवरजी इन दिनों मंचीय आलोचक होकर ही रह गए हैं। मंचीय आलोचना से भी माहौल तो बनता है, साहित्यिक रुचि निखरती तो है, लेकिन वह माहौल और निखार ठोस पुस्तकों और लेखों के अभाव में चिरायु नहीं होता। नामवरजी बरसों एक बड़े विश्वविद्यालय में विभागाध्यक्ष रहे और सारे देश के हिन्दी विभागों पर छाए रहे। अगर वे चाहते और प्रयास करते तो हिन्दी विभागीय जड़ता को झकझोर सकते थे, नए आलोचकों और पाठकों की एक बड़ी जमात पैदा कर सकते थे, पुस्तकालयों को आबाद कर सकते थे, लेकिन अफ़सोस कि उन्होंने यह सब नहीं किया। फिर भी जो उन्होंने किया, अपनी उपस्थिति और अपने व्याख्यानों के द्वारा उसकी सराहना में मैं भी, अपने तमाम संकोचों के बावजूद, शामिल होने के लिए तैयार हूँ, लेकिन यह दुहराए बग़ैर नहीं रह सकता कि वह सब नामवर जी जैसी असाधारण और उत्कृष्ट प्रतिभा के लिए नाकाफ़ी है।

इसी सन्दर्भ में मैं नेमिचन्द्र जैन जी का ज़िक्र भी करना चाहता हूँ। उन्होंने हिन्दी उपन्यास पर अपनी किताब *अधूरे साक्षात्कार* लिखकर एक शमा जलाई थी, जिसका आलोक अभी तक हिन्दी आलोचना में है और बहुत देर तक रहेगा, लेकिन उस किताब के बाद वे नाट्यालोचना की तरफ़ चल दिए और फिर वहाँ से लौटे नहीं। उनसे भी हमें बहुत कुछ मिल सकता था, बहुत उम्मीदें थीं

जो पूरी नहीं हुईं। देवीशंकर अवस्थी और मलयज के नाम भी लिये जा सकते हैं, जिन्हें महाकाल हमसे छीन ले गया। नाम विजयदेव नारायण साही, अशोक वाजपेयी और रमेशचन्द्र शाह के भी लिये जा सकते हैं–इन तीनों ने अपने-अपने तरीक़े से हिन्दी कविता की आलोचना को समृद्ध किया है, लेकिन यहाँ मेरी बातों का फ़ोकस कथालोचना पर था।

हाँ, अशोक वाजपेयी का महत्त्व सिर्फ़ इसलिए नहीं कि उन्होंने भारत भवन की स्थापना की और जितनी देर तक वे वहाँ रहे भारत भवन तमाम बाधाओं और विरोधों के बावजूद मूल्यवान और सक्रिय रहा, बल्कि इसलिए भी कि वे अभी तक ऐसे काम कर रहे हैं–अपने महत्त्वपूर्ण लेखन के अलावा–जिनकी बदौलत अनेक युवा लेखकों और कलाकारों को प्रोत्साहन मिल रहा है। जब हम युवा थे तो हमें *कल्पना, कहानी, निकष, हंस, संकेत* वग़ैरह कई लघु पत्रिकाओं की ज़रूरत थी। अशोक ने युवाओं को *पूर्वग्रह, समास* जैसी पत्रिकाएँ उपलब्ध करवाईं और अनेक ऐसे अवसर जुटाए जिनकी सब नए लेखकों को ज़रूरत रहती है। आप इस सिलसिले में कुछ और कहेंगी?

सोबती : मुझे कहने दीजिए कि नामवरजी और अशोक वाजपेयी हिन्दी के ही नहीं भारतीय साहित्य के ऐसे प्रबुद्ध व्यक्तित्व हैं जिन्होंने साहित्य के विचार पक्ष को राष्ट्रीय विस्तार दिया है और साहित्यिक विवेक के

साथ-साथ उसमें अपूर्व ऊर्जा का संचार भी किया है। यह तो मानना ही होगा कि दोनों अपने विश्वासों के साथ बुद्धिजीवी बिरादरी के अग्रणीय हैं। दोनों लेखक, आलोचक, सम्पादक, वक्ता और कवि हैं। नामवरजी कवि थे—हम क्यों न यह मानकर चलें कि उनमें अभी भी कविता सुरक्षित है। जिस दिन किसी आन्तरिक आहट ने खटका दिया काव्य-पंक्तियाँ फूटने लगेंगी। यह मैं इसलिए कह रही हूँ कि उनके गद्य में के.बी., इसकी सम्भावनाएँ निहित हैं।

वैद : हम प्रकाशित होनेवाली आलोचना की ओर मुड़ें तो आलोचना तो लिखी ही बहुत कम जा रही है, पत्र-पत्रिकाओं में जो छोटी-छोटी समीक्षाएँ छपती हैं, वे भी ईमानदार नहीं होतीं, पर्याप्त नहीं होतीं।

सोबती : इस सिलसिले में बौद्धिक परख की परम्परा और आज की तारीख़ में उसकी व्यावसायिकता को लें तो हिन्दी की दो रचनात्मक पीढ़ियों का सार्वजनिक नुक़सान तो हुआ है। दूसरी ओर साहित्य के रचनात्मक क्षेत्र में एक साथ बहुत-से लेखकों का प्रकाश में आना, विधाओं को आश्वस्त भी करता है। लेखक की कृतियों को जाँचना और पाठकों के बीच उन्हें उतारना ज़रूरी है ताकि लेखकगण आलोचकीय विमर्श द्वारा एक-दूसरे की कलात्मक अभिव्यक्ति का आमना-सामना कर सकें। आप से सहमत हूँ कि आलोचक ही अपनी पैनी निगाह

से रचना की पड़ताल द्वारा साहित्य-समय को संकेत देता है–और पठनीय रुचि को विवेक। आलोचना एक ऐसी भाषा है जिसके सहारे पाठक रचना के आन्तरिक को पहचान सके। यह ज़रूर कहना चाहूँगी कि हमारा हिन्दी समाज देर तक आलोचकीय निरीक्षण और परीक्षण की प्रतीक्षा करने का आदी है।

एक बड़ी भाषा का आलोचकीय विवेक और सर्व-साधारण के लिए रिव्यू, प्रस्तुति की व्यावहारिक गरिमा और संस्कार लेखकों के हाथ में नहीं। यह प्रकाश, पत्र-पत्रिकाओं और आलोचकों के ताने-बाने में फँसा-धँसा रहता है।

मेरा ऐसा मानना है कि रिव्यू और आलोचना में 'तत्काल' और ज़रूरत से ज़्यादा देरी दोनों कृति का नुक़सान कर सकते हैं। प्रकाशित कृति सिर्फ़ बाज़ार की जिन्स है मगर–इसका मूल उस बौद्धिक प्रक्रिया से जुड़ा है जिसे रचनात्मक लेखन कहते हैं।

हम ऐसे बहुत-से उपन्यास गिना सकते हैं जिनको पहले

उठा लिया गया फिर सहूलियत से गिरा दिया गया। विशेष श्रेणी के तहत फिर उठा लिया गया। सच तो यह भी कि हम सफ़ेद-काले मतलब कि अच्छे-बुरे रंगों से पीड़ित हैं। हम अपनी आँख से इधर-उधर देखने के आदी ज़रा कम हैं। एक पंक्ति में प्रशंसा प्रस्तुति और दूसरी में बौद्धिक ठुकाई। मुद्रा कुछ ऐसी कि क्लास का मॉनीटर कह रहा है, देखो बेटे यह न समझ लेना कि तुमने कोई महान काम किया है। बहुत बार तो दूसरी-तीसरी पंक्ति के आलोचकीय मानस में विश्लेषण करने की तीव्र इच्छा और कर लेने की योग्यता में दूरियाँ झाँकने लगती हैं।

इन सबके चलते भी इतना तो कहना होगा कि वे उपन्यास जिन पर चर्चा कम हुई या कम करवाई गई–प्रबुद्ध पाठकों की नज़र में अटके रहे–उनको लेकर स्थिति इतनी निराशाजनक नहीं हुई।

एक बात और कहना चाहती हूँ कि अब 'आलोचना' भी काफ़ी हद तक उन तथाकथित बौद्धिक शक्तियों के साथ गुँथी-जुड़ी है जो साहित्य से अलग राजनीति की नुमाइंदगी करती हैं। इसके लिए साहित्य संगठनों की मानसिकता को फरोला जा सकता है।

वैद : सबको सब लेखक अच्छे नहीं लग सकते, सब लेखकों की सब रचनाएँ अच्छी नहीं लग सकतीं–यह तो ठीक है, लेकिन यह बहुत ज़रूरी है कि आप ऐसा

आभास दें कि आप उदार हैं, सही मायनों में, और आभास ही न दें बल्कि अपने व्यवहार से भी यह आश्वासन दें।

सोबती : के.बी. आप सही कह रहे हैं। लम्बे साहित्यिक सफ़र में हम लोगों के पास इस पलायनवादी समझदारी और शिष्टाचार की बेशुमार ट्रांसपेरेंसीज़ इकट्ठा हो चुकी हैं। आप जिस ओर इशारा कर रहे हैं उसकी निहायत अक़्लमन्द मगर टुच्ची नाटकीयता की कहानी का संकलन करें तो ख़ासा मोटा पोथा बने। आपने ऐसा धुँआधार कटाक्ष न सुना होगा जो मैं आपसे बाँटने जा रही हूँ।

एक दिन एक साहिब मेरा एक उपन्यास लिये आन पहुँचे। मैं उनसे पहली बार मिल रही थी।

'आपके उपन्यास में न कथ्य है, न भाषा और न शैली। फिर आपके उपन्यास को उपन्यास कैसे कहा जाए।'
'आप चाहें तो उपन्यास का शब्द ख़ारिज कर दें। मुझे ऐतराज़ न होगा।'

'आपको न होगा पर पाठक को तो होगा न! आपके प्रकाशक ने इसे उपन्यास के रूप में छापा है। सरासर धोखाधड़ी है।'

'श्रीमान मुझे कहीं वक़्त पर पहुँचना है इसलिए माफ़ी चाहती हूँ!'

'फिर कब आ सकता हूँ! देखिए मैं आप पर रिसर्च कर

रहा हूँ। मुझे आपको वक़्त देना होगा।'

के.बी. हमारे भाषायी समाज में शिक्षकों के अलावा लेखकों को इतना शिक्षित नहीं समझा जाता कि वह लेखक होने के नाते कुछ सोचने के भी काबिल है। हाँ, तथाकथित प्रबुद्ध पाठक जो लेखक भी होते हैं–उनका तबका इनसे और भी ऊँचा और मुस्तैद। वह यह मानकर चलते हैं कि जब तक वह यह न कह दें कि उन्होंने आपकी प्रकाशित कृति पढ़ ली है तब तक आपके शीर्षक की ओर कोई आँख उठाकर भी न देखेगा। मतलब यह कि उनकी साहित्यिक हैसियत इतनी दमदार है। अनुभवी और प्रबुद्ध लेखक, पाठक और आलोचक एक साथ।

एक साहिब जोश-ख़रोश में खरी आलोचना पर उतर आए। पन्नों को अंडरलाइन कर काला कर दिया।

'इसे आप हिन्दी कहती हैं! क्या ऊलजलूल उजबक भाषा है!'

मैंने हँसकर कहा–'महोदय ज़रा भाव समझने की कोशिश कर ली होती।'

'इसमें भाव क्या समझ में आएगा। जाने कैसी-कैसी बाँगड़ू ध्वनियाँ हैं!'

आलोचना यह भी है!

के.बी. एक गहरे परिष्कार वाली आलोचना का ज़िक्र करने जा रही हूँ।

मेरे यहाँ कुछ लेखक मित्र इकट्ठा थे। नई किताबों को लेकर अच्छी बातचीत हो रही थी। और गर्म ठंडाई चल रही थी। मैं अपने घर में एक अच्छी श्रोता होने का प्रमाण दे रही थी। एकाएक एक मित्र का ध्यान मेरी ओर सरका।

'कृष्णा, यह बताओ कि 'ज़िन्दगीनामा' लिखने में तुम्हारा मक़सद क्या था?'

मैं व्यंग्य से हँसी।

दोस्त, हम लोग मेरे घर में नए प्रकाशनों की चर्चा कर रहे हैं तो इसका मतलब यह भी क्यों लगा लिया जाए कि तीन साल पहले छपी किताब का ज़िक्र भी लगे हाथ कर ही लिया जाए!

वह बोले—आप मुझे ग़लत समझ रही हैं।

बिलकुल भी नहीं। इतिहास विशेषज्ञ हो। विभाजन को लेकर लिखने का मक़सद और कैफ़ियत पेश करूँ तो मुझे अटपटा लगेगा।

दोस्त ने मुँह बिचकाया और गर्म ठंडाई की ओर अपना ध्यान लगा लिया।

के.बी. सच तो यह है कि हम में से ज़्यादा लोगों ने साहित्य की सीमा अपनी खिड़की पर चढ़ी बेल तक ही समझ रखी है। अपनी तुलना में किसी की नई कृति का नयापन कुछ कम ही उत्साहित करता है।

एक और सत्ताशाही का समाज है जो तुक्कों के तीर

बनाता है। संगठनों के गलियारों से शुरू होता है, संस्थानों के कन्धों पर चढ़कर परवान हो जाता है। छोटी-बड़ी कृति के बारे में गौरव-गाथाएँ बुनी जाती हैं और राजनैतिक गलियारों में टाँक दी जाती हैं। यह टंकन तमाम ख़ूबियों का बाप बनकर कृति का सुरक्षा कवच बन जाता है। इसके बाद वह सफ़र शुरू होता है जहाँ दमदार कुर्सीवान प्रशंसक यह कहते सुने जाते हैं कि जब तक अमुक लेखक को फलाँ सम्मान न दिलवा दूँ तब तक मुझे चैन न मिलेगा। दिलचस्प।

वैद : एक अलग क़िस्म का सवाल मेरे मन में उठ खड़ा हुआ है–ईश्वर से आपका क्या रिश्ता है? किस क़िस्म का रिश्ता है?

सोबती : ईश्वर से मेरा रिश्ता किसी देवी-देवता के साकार रूप में नहीं है। मेरा व्यक्तित्व ही मुझे उसके होने का आभास देता है, विश्वास देता है। कहीं कोई शक्ति तो है जो इस ब्रह्मांड मंडल को चलाए रखती है। वैसे मेरे होने की शर्त कुछ ऐसी कि एक क़दम उठाए तो एक मील पीछे चलना पड़े। ऐसा ही तापमान रहा है। मेरे सफ़र में ऐसे मुक़ाम बहुत कम हैं जिन्हें हम उपलब्धियों के नाम से पुकारते हैं। सो अपनी ढिठाई में छोटी-छोटी खुशियों में मस्त रहती हूँ। जैसे मैं अपने व्यक्तित्व में पनपे किसी पात्र को पढ़ती हूँ तो महसूस करती हूँ कि मेरी सरलताओं और उलझनों के बरक्स

लगातार वैराग्य भाव अपनी जगह बनाए रहता है। यही वह भाव है जो लिखते हुए मुझे मेरे दबाव और कृति के तनाव को एकसम रखता है। इसने मुझे एक ख़ास तरह की निस्संगता भी दी है।

वैद : यानी कि ईश्वर में आस्था है?

सोबती : देखिए, ईश्वर को लेकर मैं कभी परेशान नहीं हुई। वह मुझमें है, उसे मैं अनुभव करती हूँ और जो मेरे बाहर फैली उसकी सृष्टि है, उसके आगे भला लेखक की क्या हस्ती! कुछ ऐसा ही अटपटा सवाल है यह भी कि कोई पूछे कि अपने लेखन से आपके क्या सम्बन्ध हैं।

उत्तर होगा—न मैत्री, न वैर। न मैं लेखन के आतंक में रहती हूँ, न पात्रों को आतंकित करती हूँ। ईश्वर को लेकर भी इतना तो कह सकती हूँ कि उन्हें ढूँढ़ने के लिए मुझे कहीं भी जाना नहीं पड़ता। वही है जो हर साँस में है, साँस के साथ है।

जिसकी सृष्टि का मैं एक अंग हूँ उसे मैं हर क्षण अपने अस्तित्व में महसूस करती हूँ। प्रकृति, जलवायु, धरती, आकाश, चाँद, सूरज सभी उस शक्ति के प्रतीक हैं जिसे हम ईश्वर के नाम से पुकारते हैं। उसे पहचानने के लिए, ढूँढ़ने के लिए मुझे कहीं जाना नहीं होता। मुझे परिवार से मिले जो भी संस्कार हैं उनके अनुसार कर्मकांड ईश्वर नहीं है और धर्म संकीर्णता नहीं है।

वैद *:* कृष्णा, इस विषय पर मैंने विधिवत् चिन्तन या अध्ययन कभी नहीं किया। जब कभी अपने आपको टटोला और अपनी कुछ कृतियों में झाँका है तो दो विरोधाभासी बातें नज़र आई हैं मुझे अपने में और अपने काम में इस प्रश्न को लेकर। जहाँ तक मुझे याद आता है मैंने बचपन और लड़कपन में ही ईश्वर पर शंका करना शुरू कर दिया था, उससे शिकायत करना भी, और उससे यह कहना भी कि तू तो है ही नहीं। अगर वह है नहीं तो उस पर शंका कैसी, उससे शिकायत क्यों? यह विरोधाभासी रुख़ अभी तक क़ायम है। एक तरफ़ तो मैं अपने आपको नास्तिक कहता हूँ, दूसरी तरफ़ उसको पूरी तरह भूल भी नहीं पाता। पूजापाठ न पहले कभी किया था, न अब करता हूँ। घर में आरती होती थी तो मैं भी दबी ज़ुबान उसमें शामिल हो जाता था, अब भी जब कभी होती है तो शामिल हो जाता हूँ। 'ओम जय जगदीश हरे' की धुन और सादगी मुझे भाती है, कभी-कभी आँखें भी सजल हो जाती हैं। लेकिन बुनियादी सवाल मन को सालते रहते हैं, सबसे बड़ा तो यही कि अगर ईश्वर है तो इतनी ऊँच-नीच क्यों, इतना अन्याय क्यों, इतना दुख क्यों?

सोबती : अगर मैं ग़लत नहीं हूँ और याददाश्त ठीक है तो जिस प्रार्थना का ज़िक्र आपने किया है–*ओ३म जय जगदीश हरे*–बेताब द्वारा रचित है। बेताब बहुत अच्छे नाटककार थे। इस आरती को जनमानस ने सहज रूप से स्वीकार

किया। अखिल भारतीय स्वीकृति ही कहना चाहिए। अभी आपने एक बात कही जो मुझे बेहद अर्थपूर्ण लगी है। ईश्वर एक सूरज है। पूरी दुनिया में सबको एक-सा मिलता है। ऐसा नहीं कि एक बन्दे को मिले और दूसरे को न मिले। एक वर्ग को मिले और दूसरे को न मिले। जिसकी जैसी भावना है वह वैसे ही अपने ईश्वर को देखता-पहचानता है। बचपन में हम बच्चे आँखें बन्द करते और कहते–ईश्वर नहीं दीख रहा। आँखें खोलते तो कहते अब ईश्वर दीखने लगा है। कहाँ–

इस प्रश्न से गिनती शुरू हो जाती। वह आसमान–वह बादल, वह चाँद, तारे, धूप, छाँह, पेड़, पहाड़ यह सब ईश्वर हैं–यह सूची घंटों चल सकती थी। अब सोचने पर लगता है कि यह तालिका बच्चों को आर्य समाजी परिवार में ही सिखाई-पढ़ाई जाती होगी।

बड़े होकर कर्मकांड से अलग सृष्टि-भर में फैले इस 'ईश्वर' में भी हमें बहुत कुछ दीखने लगा था। अब और भी सफ़ाई से।

दशकों बाद यही मुखड़ा 'ज़िन्दगीनामा' में ऐसे प्रकट हुआ कि एक खेतिहर किसान इस सोच पर अटका कि समझ में नहीं आती कि जहाँ में सूरज चमके तो सबके ऊपर एक-सा, बारिश हो तो एक-सी, धरती पर फिर दौलत की ही उलटी लकड़ी क्यों फिर गई ! एक नस्ल के पास ज़्यादा एक के पास कम। ऐसा क्यों? यह एक इंसानी सवाल है जो हज़ारों और लाखों-लाखों दिलों में

घुमड़ता रहा है। इसे महज़ 'विचारधारा' कहकर इसका उपहास करना इंसानी शक्ति का निषेध करना होगा। मैं इस बात को शिद्दत से महसूस करती हूँ। जो मात्र अपनी पवित्र रसोई में ही मग्न नहीं है उसका एक बड़ी दुनिया को देखना इंसानी फ़र्ज़ है।

हम धर्म और अध्यात्म की गहराई को जानते-पहचानते हैं। किसी भी धर्म का अनुयायी अपनी धर्म भाषा से अपने अन्तर को चीन्हता है। यह ग़लत है। यह सही है। धर्म का कर्मकांड अगर मूल्यों को बिसराकर मात्र आस्था और श्रद्धा के सहारे दुनिया की सब नेमतों को हड़प कर लेना चाहता है तो वह धर्म नहीं पाखंड है।
तकनोलॉजी ने मानव को एक नया दृष्टिकोण दिया है। इसे धार्मिक अनुष्ठान पर ख़तरा ही समझ लिया जाए तो फिर हम वह करेंगे जो कुछ विचारधाराएँ ज़ोर-ज़बरदस्ती कर रही हैं। विज्ञान ने अपने अस्तित्व और दूर-भास शक्ति से ईश्वर के वैज्ञानिक रूप को भी स्थापित कर दिया है।

कभी इसका स्वरूप तन्त्र और तान्त्रिक क्रियाओं में प्रकट होता रहा है। सिर्फ़ भारत में ही नहीं, लगभग सभी देशों में किसी न किसी रूप में यह मौजूद रहा है।
ईश्वर की सत्ता को राजनैतिक दल किस तरह किस बेईमानी से अपनी-अपनी तथाकथित नैतिकता का आधार बनाकर उसके नाम का शोषण करते हैं! यह हम सभी जानते हैं। आप इसे लेकर क्या सोचते हैं?

वैद : कृष्णा, यह तो बहुत ही बड़ा और जटिल प्रश्न है, और इसका फैलाव तो विश्वभर में है, सिर्फ़ भारत में नहीं, क्योंकि धर्म के नाम पर जितना ज़ुल्म एक–दूसरे पर ढाया गया है, उतना शायद ही किसी और नाम पर ढाया गया हो–हर देश और हर काल में।

सोबती : शताब्दी–दर–शताब्दी।

वैद : जी। एक हाथ में बाइबल, दूसरे में तलवार। इसी तरह इसलाम भी। ईसाइयों और मुसलमानों के बीच के 'धर्मयुद्ध'। हिन्दुओं को इस बात पर गर्व है कि उन्होंने अपने धर्म को तलवार के बल पर फैलाने के प्रयास नहीं किए। यह गर्व तो बजा है लेकिन हिन्दुओं ने अपने ही धर्म के दलितों पर कम अत्याचार नहीं किए। और विभाजन के वक़्त धर्म के नाम पर जो बर्बरता हुई उसमें हिन्दू भी उतने ही दोषी थे जितने मुसलमान और अब जो फ़िज़ा बन रही है या बनाई जा रही है, मज़हब के नाम पर, वह दिल दहला देनेवाली है, और अगर इसे बदला न गया तो न जाने क्या होगा–कल्पनातीत हिंसा और घृणा भड़क सकती है।

सोबती : आप ठीक कह रहे हैं। नए संचार माध्यमों से विश्वभर में विचार, शब्द, भाषा और मानवीय मूल्यों पर बाज़ार की जटिलताओं का दबाव पड़ा है। एक नई अन्तरप्रक्रिया विभिन्न अन्तर–समाजों में देखने को मिल

रही है। मनुष्य के एकान्त और एकत्व को बाज़ार ने घेर लिया है। नगरों, महानगरों का अत्यधिक नगरी-करण और जनसंख्या विस्फोट ने विशेषकर विकासशील देशों के महानगरों को विघटन की स्थितियों तक पहुँचा दिया है। इसे सभ्यता और संस्कृति के सन्दर्भों में एक बड़ा परिवर्तन माना जा सकता है। निःसन्देह साहित्य इससे अछूता नहीं रह सकता।

अब मैं बात को एक और मोड़ देना चाहती हूँ—साहित्य की सैक्सुअल राजनीति से हम सभी परिचित हैं। हाँ, महिलाओं के निकट अब यह मात्र नैतिकता की संस्कारी बात नहीं—धंधई परेशानी भी है।

के.बी., मुझे सन्तोष है कि मैंने अपने समकालीनों को, साहित्यकार मित्रों की लेखकीय हैसियत से जाना-पहचाना है। ग्रहण करने की ज़मीन, स्वभाव प्रदत्त आत्मविश्वास, सामाजिक शिष्टाचार और समकालीन मित्रों ने ही इसे सम्भव बनाया कि मैं सिर्फ़ स्त्री की ही तरह नहीं—लेखक की तरह महसूस करती हूँ। व्यक्तित्व के जिस पहलू की ओर मेरा संकेत है आप उसे अच्छे से जानते-पहचानते हैं। फिर भी मुझे कहना होगा कि हमारे समाज में स्त्री लेखक और पुरुष के बीच समानता की इतनी कमी है कि न हम एक-दूसरे से बराबरी का व्यवहार करते हैं और न ही साहित्यिक विवेक का प्रसार-संचार। सभी लेखक कुछ ऐसे पैट्रोनाइज़ करते हैं कि स्त्री-लेखन की गम्भीरता खड़े-खड़े ही काफ़ूर

हो जाए। वैचारिक पुरुष वर्ग की यह अदा मनमौजी या महाचिंतक की होकर रह जाती है। उनके दृष्टि-कोण से स्त्री क़लम मामूली-सी अदाकारी की झलक देकर उसके सामने हँसती भर रहती है जैसे दरअसल वह सिर्फ़ पकवान बनाने और परोसने की विशेषज्ञ हो। वैसे मैंने जिस लेखकीय अधिकार को अर्जित किया है, उसकी बिना पर मेरी शिकायत वाजिब नहीं। फिर भी महिला लेखक समूह के लिए कहना चाहूँगी कि उनके पनपने के लिए साहित्य समाज को बराबरी की जगह बनानी होगी। स्त्री-पुरुष लेखक बिरादरी के बीच रचनात्मक सौहार्द और समझदारी का साहस बेहद ज़रूरी है। आकर्षण और प्रेम के शेड्स इनसे अलग होते हैं—होने चाहिए। हाँ, कवियों को तो इसकी छूट है ही। हम जो दोनों मित्रता और समकालीनता के दोहरे रिश्ते से बातचीत कर रहे हैं—बिना एक-दूसरे को छोटा-बड़ा किए—उसका कारण सिर्फ़ एक-दूसरे के लिए आकर्षण नहीं, मेरा रचनात्मक आत्मविश्वास भी नहीं, बल्कि बहैसियत लेखक के रूप में हम दोनों की समझ और बौद्धिक संस्कार है।

मैं उन सबकी बात नहीं करना चाहती जो अपने संस्कार में इस व्यक्तिगत और सामाजिक रचाव से अभी काफ़ी दूर हैं। और 'ई' और 'आ' की मात्रा से ही अपने को उलझाए रहते हैं।

वैद : लेखक बिरादरी में लेखिकाओं की स्थिति के बारे में आपने जो कहा मैं उससे सहमत हूँ और यह कहना भी चाहता हूँ कि आपने अपने लिए जो मुक़ाम बनाया है उसका श्रेय आपको ही दिया जा सकता है, आपको और आपके काम को। दलित साहित्य के बारे में मैं इतना ही कह सकता हूँ कि मैं उसकी ऊर्जा की सराहना करता हूँ, उसकी अहमियत को स्वीकार करता हूँ। साथ ही यह भी कि जब तक हमारी आर्थिक और सामाजिक विषमताएँ कम या दूर नहीं होतीं, तब तक 'एलीटिस्ट' और 'पापुलिस्ट' साहित्य का भेद भी कम या दूर नहीं होगा। इसके साथ ही मैं यह भी जोड़ दूँ कि दलित साहित्य हमारे देश तक ही सीमित नहीं, दलित वर्ग और देशों में भी है, इसलिए दलित साहित्य और उससे जुड़े हुए सवाल और देशों में भी हैं।

सोबती : देखिए हमें पिछड़े, निर्धन, आदिवासी अशिक्षित और स्त्री की भीड़ को नागरिक के स्वरूप में सहज ही स्वीकार करने की तालीम जुटानी होगी। यह ज़िम्मा शिक्षितों और लेखकों पर है। जनसाधारण से इलीटिस्ट दूरी को हमें पाटना होगा। इसके लिए उच्च न्यायालय के निर्णय की दरकार तो हमें नहीं होनी चाहिए। बुरा न मानें के.बी., अकारण नहीं कि हम स्त्री लेखन के सन्दर्भ से ही दलित साहित्य की ओर मुड़ रहे हैं।

वैद : वैसे दलित साहित्य को अगर एक विशेष ज़ुमरे में रख दें तो भी श्रेष्ठ और लोकप्रिय की समस्या बनी रहती है। श्रेष्ठ लोकप्रिय हो सकता है लेकिन अक्सर नहीं होता; लोकप्रिय श्रेष्ठ हो सकता है लेकिन कभी-कभी ही। इन दोनों की आपसी दूरी क्या कभी भी पूरी तरह दूर हो सकेगी, पहले क्या हुई है? मेरे पास इस सवाल का सीधा-सा जवाब नहीं।

सोबती : कहीं न कहीं एक परिवर्तन की ज़रूरत है। हमारी भाषा, हमारी मानसिकता जैसी भी हो सामाजिक स्तर पर उसमेंऔपचारिकता का होना ज़रूरी है। मात्र विनम्रता, वह भी ओढ़ी हुई काफ़ी नहीं। लोकतान्त्रिक मूल्यों की पहचान लोकतान्त्रिक भाषायी मुहावरों से प्रवाहित होती है। हम जाने क्यों पुरानी परम्परा के नाम पर रूढ़िवाद को सँवारे चले जाते हैं। जातिवाद मात्र समाज और व्यवस्था में ही चालू नहीं–उसे हमने स्वभाव में भी कुछ ऐसा ढाला हुआ है कि वहाँ किसी 'बराबरी' के आसार नज़र नहीं आते। पिछले दिनों दलित-विमर्श के दौरान दलित टैक्स्ट को लेकर बहुत कुछ कहा गया। उस विमर्श तक पहुँचने में मुझमें मेरी एक नई तस्वीर उभरी। वह मेरे इस कथन में साफ़ हुई कि आत्मविश्वास और लेखकीय धीरज के होते हुए भी मैं स्वयं कभी-कभी दलित महसूस कर सकती हूँ।

के.बी., यह आपसे बाँट रही हूँ ताकि आप हमारे

दृष्टिकोण को भी समझें। सिर्फ़ स्त्री विमर्श पर टिप्पणियाँ करने से परिस्थितियाँ नहीं बदलेंगी। हक़ीक़त आज भी बदली नहीं।

पिछले दिनों संस्थान के नए चेयरमैन साहिब, डॉक्टर जी. सी. पांडे साहब का आगमन हुआ। लायब्रेरी में उनसे भेंट हुई। संस्थान के निदेशक मृणाल मीरी साहिब ने परिचय करवाया और अपने कमरे में चाय के लिए आमन्त्रित किया। कुछ बातचीत हुई। जयपुर की बात पर मैंने उन्हें बताया कि 'गायत्री देवी स्मृति व्याख्यान' देने के लिए गई थी। मुझसे पहले डॉक्टर कपिला वात्स्यायन यह व्याख्यान दे चुकी थीं। चेयरमैन साहिब क्योंकि फ़ैलोस के डाइनिंग रूम में ही नाश्ता, लंच, डिनर ले रहे थे तो उनसे लगातार मिलना होता ही रहा।

चौथी शाम इसी संगोष्ठी कक्ष में चेयरमैन साहिब औपचारिक रूप से सभी फ़ैलोस को मिल रहे थे। हम लोग मुक़र्रर वक़्त पर यहाँ उपस्थित हुए। मृणाल मीरी साहिब ने कुछ शब्द कहे और चेयरमैन साहिब के आगे माइक सरका दिया।

उन्होंने शुरुआत की कि "यह संस्थान रचनात्मक लेखकों के लिए नहीं है। रचनात्मक लेखन कोठरी में भी हो सकता है।"

जब इसे अगले फ़ैलो पर भी दोहराया गया तो मैं परेशान हुई, समझ में न आया कि माजरा क्या है।

मेरी बारी तक पहुँचकर भी यही शब्द लेखक के रूप में मैं सीधा चेयरमैन साहिब से नहीं सुन सकती थी। यह उस लेखक समाज पर प्रहार था जो सिर्फ़ लेखक था और अकादमिक श्रेणी से बाहर पड़ता था। कुछ कहने को हुई कि मृणाल साहिब ने कहा–कृष्णा जी, माइक पास कर लीजिए–

चेयरमैन साहिब ने बीच में टोककर कहा–पहले अपना नाम बताइए। मैंने हैरत से देखा और कहा, हम लोग आपको पिछले चार दिन से लगातार मिल रहे हैं फिर भी आपको मेरा नाम जानना ही है तो मामूली सा नाम है पर श्रीमान मेरे हस्ताक्षर मूल्यवान हैं। मैं कृष्णा सोबती हूँ और इस संस्थान में नेशनल फ़ैलो हूँ।

के.बी. क़िस्सा-कोताह यह कि बात काफ़ी खिंची। ऐसा करने की वजह जो भी रही हो–मैं समझने में असमर्थ थी कि कोई भी लेखक संस्थान में आमन्त्रित किया जाता है, उसे आप ताड़ने के अन्दाज़ में 'अपना नाम बताइए' कहकर क्या प्रमाणित करना चाहते हैं। ज़ाहिर है, मेरी ओर से प्रतिक्रिया होनी ही थी। इस विचारधारी जातीय आख्यान ने केवल मुझे ख़बरदार ही नहीं किया–लेखकीय अस्मिता के लिए चौकन्ना भी।

मुझे इसका प्रतिवाद करना था सो किया।

मेरा क़द जो भी हो मैं यक़ीन के साथ कह सकती हूँ कि अपने जीवन की प्रथम कृति के प्रकाशन के बाद भी अध्यक्ष साहिब किसी दूसरे लेखक को इस तरह

अपमानित नहीं कर सकते।

मैं यह भी मानकर चलती हूँ कि भारतीय उच्च अध्ययन के चेयरमैन के पास तमाम फ़ैलोस के डौसियर भी ज़रूर रहे होंगे। ख़ासतौर पर जब वह पहली बार संस्थान में आ रहे हों। अध्यक्ष एक नज़र तो उन्हें देख ही चुके होंगे। मेरा ऐतराज़ अब भी इतना ही था कि क्या भीष्म साहनी, के.बी. वैद या निर्मल वर्मा को भी अपना नाम बताने को कहा जाता।

कभी नहीं।

यह भंगिमा महफ़ूज़ है स्त्री लेखन की निम्न जाति के लिए।

मैं, मेरा लेखक, मेरा व्यक्तित्व, मेरा नागरिक स्त्री होते हुए भी उत्पीड़न के रोग से ग्रस्त नहीं। मुझे ऐसे दृष्टिकोण पर ऐतराज़ होना लाज़मी था। आज की पेचीदा राजनीति के इस तेवर, ऐसी आहटों और नज़रों को हम अच्छे से पहचानते हैं। उनके सामने हथियार डाल दें, यह कब मुमकिन है। हमें मालूम है, हमें संघर्ष करना होगा। दक़ियानूसी कट्टरपंथियों के आगे हथियार डालने से नहीं चलेगा। उनकी मानसिकता को बदलना होगा।

एक ऐसी समस्या का हल तो हमें निकालना आना ही चाहिए। इसे हम आत्मविश्लेषण या लेखकीय कर्म का सामान्यीकरण जो भी कहें। जाने क्यों हम इस बात को सर्वमान्य नहीं मान लेते कि लेखक बिरादरी की व्यक्तिगत स्वतन्त्रता की सुरक्षा करते हुए हमें एक

रचनात्मक समूह की तरह भी सोचना आना चाहिए। जहाँ सिर्फ़ पुरुष और अपुरुष ही नहीं होते–लेखक होते हैं। हम छोटे-बड़े, साधारण-असाधारण सभी लेखक एक ही काम में रुझे हैं, इस आधार पर हमारी कार्य संस्कृति एक-सी ही है। हम क्यों न यह सुनिश्चित करें कि शब्द संस्कृति भी हमें रचनात्मक रिश्ते से जोड़े रहती है। यह भी कि धंधई हल्क़ों में हम हमेशा साँप-सीढ़ी का खेल नहीं खेल सकते। हाँ वैचारिक स्तर पर व्यावहारिक शालीनता को तो निभा ही सकते हैं। क्या आप भी ऐसा ही मानते हैं?

वैद : मैं आपके विचारों की क़द्र करता हूँ और आपके साहस की दाद देता हूँ। कृष्णा, मैं व्यक्तिगत रूप से साहित्य में ही नहीं, राजनीति और जीवन में भी नारीवाद का हिमायती हूँ। मैं अपने आपको नारीवादी पुरुष मानता हूँ। मैं यह दावा नहीं कर रहा कि मैं 'मेल शोवनिस्ट' दोषों और दुराग्रहों से पूरी तरह मुक्त हो चूका हूँ, लेकिन उनके प्रति सचेत ज़रूर हूँ और उनसे मुक्त होने का प्रयास करता रहता हूँ। आपने बड़ी ख़ूबसूरती से नारी

जागरण की बात उठाई है। इस शताब्दी की महान उपलब्धियों में यह जागरण भी एक है और इसका श्रेय नारी को ही जाता है, नर को नहीं। अब भी नारी जागरण को जिन रुकावटों का सामना करना पड़ता है, विशेष तौर पर हमारे देश में, उनकी तरफ़ भी हमारा ध्यान जाना चाहिए। और आपने ठीक ही संकेत दिया कि भारतीय सभ्यता और संस्कृति का सहारा लेकर नारी की स्वतन्त्रता को सीमित और नियंत्रित रखने के प्रयासों में कोई शिथिलता नहीं आई। फिर भी यह मानना ही पड़ेगा कि नारी जागरण और नारीवादी चेतना हमारी शताब्दी की बड़ी घटनाओं में से एक है। कुछ लोग इस शब्द, 'नारीवाद' से चिढ़ते हैं, लेकिन सुविधा के लिए भी और वैसे भी मैं इस शब्द का इस्तेमाल ज़रूरी समझता हूँ।

साहित्य के सन्दर्भ में कृष्णा आपने, महाश्वेता देवी और क़ुर्रतुलऐन हैदर ने हमारे सामने *नारी जागरण* की एक आलीशान मिसाल रखी है, एक मानदंड क़ायम किया है और यह सिद्ध कर दिखाया है कि आपके काम को किसी रिआयत या सरपरस्ती की ज़रूरत नहीं। आदर्श स्थिति तो यही होगी कि साहित्य की पहचान लिंग से जोड़कर न की जाए लेकिन, जब तक वह स्थिति नहीं आती तब तक 'नारी लेखन' की बात करने में भी मुझे कोई हरज नहीं दिखती। आज से पाँच-दस साल पहले तक आप 'महिला लेखन' के इस्तेमाल पर आपत्ति किया करती थीं लेकिन इधर आपने ऐसे आयोजनों में शरीक

होना शुरू कर दिया है जहाँ इस विषय पर ग़ौर होता है और जहाँ आप अपना सुलझा हुआ दृष्टिकोण दूसरों के सामने रखती हैं।

सोबती : माफ़ कीजिएगा—ऐसे आयोजनों में शरीक होना इस बात का संकेत तो क़तई नहीं कि मेरे विश्वास में कोई फेर-बदल हुआ है। आज अकादमिक और साहित्यिक स्तर पर स्त्री विमर्श पर जैसे विवाद हो रहे हैं, वह इस बात की ताईद करते हैं कि भारतीय समाज के पुरुष वर्ग में एक ख़ास तरह की हड़बड़ी लक्षित है। आदिकाल से स्त्री-पुरुष के सम्बन्धों के ब्यौरों से साहित्य भरा पड़ा है। ज़्यादातर पुरुष ने ही यह दैहिक वर्णन और वृत्तान्त प्रस्तुत किए हैं। स्त्री के सौन्दर्य, आकर्षण उसके प्रेम प्यार का उन्माद पुरुष की लिखित में है। अब स्त्री निःसंकोच अपने आन्तरिक प्रकरणों को प्रस्तुत कर रही है जिन पर वह कभी मुँह न खोलती थी। इसमें विस्मयकारी कुछ नहीं। एक-दूसरे की पूरक दो मानवीय इकाइयाँ शरीर, मन, दिल-दिमाग़ पर सैक्स के दबाव को महसूस करती हैं और भाषा की मदद से उसे लिखित में गूँथ लेती हैं। पुरुष ने स्त्री पर कम नहीं लिखा। उसे बेहिसाब रंगों में आँका है। अपने अस्तित्व में उसे जीया है।

अब स्त्री अपनी अभिव्यक्ति में सैक्सुअल मनोवृत्तियों, और प्यार को लेकर अपने भावों को भी व्यक्त करने

लगी है–इस पर लिखने का पहले पुरुष का ही अधिकार रहा। अब यह चमत्कार स्त्री के पाले में है। वह स्वयं को उद्‌घाटित कर रही है और अपने वैभव में एक साथ पुरुष के पुरुषत्व और उसकी सीमाओं को भी देख रही है। अब वह अपने एकत्व में अपने को भी ढूँढ़ती है। और पुरुष के स्वरूप को भी अपनी नई नज़र से, नई भाषा में गढ़ रही है, नए शब्द ढूँढ़ रही है। पुरुष के नीचे पड़े रहने की पुरानी दैहिक प्रताड़ना से उबर रही है। आर्थिक स्वतन्त्रता की उपादेयता समझ रही है।

यह सही है कि साहित्य के रचनात्मक क्षेत्र में तथाकथित महिला लेखन का प्रवेश नया है लेकिन यही एकमात्र कारण उन्हें अलग श्रेणी या क्रमांक देने का विकल्प नहीं होना चाहिए।

हमें स्त्री और पुरुष में समानताएँ देखने का आदी होना चाहिए। जिस तरह की सामाजिक, आर्थिक और विकासशील जीवन शैली मानव समाज के सामने उघड़ रही है–उस भाषा को जीने, समझने के लिए हमें अपने को तैयार करना चाहिए।

के.बी. अन्यथा न लें–मेरे और आपके लेखन की विभिन्नता का कारण सिर्फ़ लिंग-भेद ही नहीं। माफ़ कीजिएगा, आप पुरुष हैं तो अपनी रचनात्मक अभिव्यक्ति में मुझसे बेहतर नहीं हैं और क्योंकि मैं स्त्री हूँ तो सर्जनात्मक स्तर पर आपसे कमतर नहीं हूँ। लेखक के रूप में मुझमें और आपके दरमियान विभिन्नता महज़

इतनी मात्र ही नहीं कि मैं स्त्री हूँ और आप पुरुष हैं। हम दोनों के अलग-अलग व्यक्तित्व को ढालनेवाले कई और भी तत्त्व हैं। आनुवांशिक पारिवारिक स्थितियाँ, परिस्थितियाँ, वातावरण, शिक्षा, आजीविका यह सभी लेखक के रचनात्मक पर्यावरण में दूरगामी हिस्सेदारी करते हैं। एक और महत्त्वपूर्ण बात की ओर संकेत करूँगी जो अलग-अलग ढंग से हमारे लेखन में प्रतिबिम्बित होती है कि आप साहित्य के ज्ञाता पंडित हैं और मैं सिर्फ़ लेखक हूँ। दोनों के पाठ का विश्लेषण करके देखिए, फ़र्क़ उभरकर आएगा।

वैद : आप न जाने क्यों बार-बार मुझ पर 'पंडित' होने का आरोप लगा रही हैं। मैं प्राध्यापक ज़रूर रहा हूँ लेकिन वह मूलतः रोज़ी कमाने का एक ऐसा साधन था जिसके साथ-साथ मैं लिख भी सकता रहा और पिछले बीस-पचीस सालों से तो मैं भी 'सिर्फ़ लेखक' ही हूँ। ख़ैर, आप अपनी बात जारी रखिए।

सोबती : आप के सन्दर्भ में ही प्रोफ़ेशन और प्रशिक्षण की बात करें तो कोई भी वैज्ञानिक, इंजीनियर, डॉक्टर, पायलट, स्पेस-साइंटिस्ट, बैंक मैनेजर अपने कार्य को संज्ञा की 'ई' और 'आ' से नहीं, प्रशिक्षण के अनुसार दक्षता से निभाएगा न कि स्त्री होने या पुरुष होने की नियति से निभाएगा। टेक्नोलॉजी द्वारा ज्ञान, विज्ञान जब एक साथ एक रूप से दोनों तक पहुँचेंगे तो दोनों की

समानताएँ उभरेंगी। उभर रही हैं। स्त्री अब मात्र स्त्री नहीं। अब वह अपने अधिकार और कर्तव्य से लैस नागरिक भी है। नागरिक अधिकारों से अलंकृत।

वैद : आप ठीक कह रही हैं, लेकिन अभी भी स्त्री को अपना सही मुकाम कहाँ मिला है!

सोबती : पुरुष वर्ग के दृष्टिकोण की परेशानी यह है कि वह पूरे स्त्री समाज को अपने परिवार के चौखटे से देखता है। उसी चौखटे से उसे जाँचता भी है। कामकाज वाली स्त्री की पहचान करने की तालीम उसे अपने में जगानी होगी। उसका पितृ-पक्ष संवेदन माँ, पत्नी और पुत्री के भूगोल से आगे नहीं जाता। अगर उसे पार करता है तो बस एक 'प्रेमिका' के मुखड़े से। गृहस्थी और परिवार को आतंकित करते दूसरी स्त्री या पुरुष के अस्तित्व से आज एक बहुत बड़ी दुनिया स्त्री या पुरुष दोनों के कार्य-क्षेत्रों के सहकर्मियों की भी जुड़ी है। सच तो यह है कि पुरुष को अपने नए यथार्थ को स्वीकार कर विस्तार करना होगा। पुरानी पालतू स्त्री की आँख और क़दम अब परिवार की देहरी से बाहर हैं। स्त्री एक बड़ी दुनिया की पहचान को आतुर है और अपने में छिपी, बेशुमार सम्भावनाओं को सचेत करनेवाले आत्मविश्वास से भरपूर।

वैद : आपने जो अभी कहा वह इस बात का

प्रमाण है कि नारी के बारे में पुरुष का दृष्टिकोण प्रदूषित है और उसके बनाए हुए स्टीरियोटाइप अर्ध-सत्य हैं, और कभी-कभी सरासर झूठ भी, उनमें पुरुष का द्वेष और सरपरस्ताना रुख़ देखे जा सकते हैं।

सोबती : के.बी. मेरे शब्दों के साथ आप ज़्यादती कर रहे हैं। मुझे पुरुषों से वितृष्णा नहीं कि मैं उनके दृष्टिकोण को प्रदूषित कहूँ। आप स्त्री को अर्धविकसित और पुरुष को विकास पुरुष मान सकते हैं लेकिन सच यह भी कि विकसित व्यक्तित्व वही है जो शिक्षित है–स्त्री हो या पुरुष। स्त्री और पुरुष के बीच जो भी घटित होता है, उसमें दोनों एक-दूसरे के समान हैं–यानी हाड़ मांस के इंसान हैं। और शारीरिक तौर पर कुछ अलग से फिर भी मानवीय कुल में एक-दूसरे के निकटतम।

मानवीय शृंखला को क़ायम रखने को, बच्चे को जन्म देने को लेकर यह एक ऐसा नैतिक और सामाजिक मसला है जो पूरी शताब्दी को घेरे रहा है। परिवार संस्थान की मात्र पालने-पोषनेवाली माँ दूसरे की कहें या पति की पालतू स्त्री नहीं–एक व्यक्ति के रूप में आर्थिक रूप से अपने पर निर्भर होना चाह रही है।

इस सिलसिले में मित्रो के तथाकथित देह-ताप का ज़िक्र करूँगी। लेखक के रूप में पाठक संसार ने मुझसे इसकी जवाबदेही चाही कि एक ख़ास मोड़ पर लेखक ने उसे

पति के पास क्यों भिजवा दिया। विश्वास के साथ कह सकती हूँ कि जब मित्रो यह निर्णय कर रही थी तो अपनी लेखकीय हैसियत में उसमें मेरा कोई हस्तक्षेप नहीं था। विस्मयकारी मेरे लिए भी था कि वह माँ की ड्योढ़ी में खड़े हुए भी अपने में यह निर्णय लेने का विवेक जगा सकी। यहाँ इतना जोड़ना भी ज़रूरी है कि मित्रो के पाठ को लेकर एक साधारण हिन्दी मानसिकता वाले पाठक ने अपने पूर्वग्रह और प्रतिक्रियाओं को फलाँग कर मित्रो जैसी पात्र के अन्तर्मन में झाँकने का प्रयत्न किया। उसे समझा और स्वीकार किया।

के.बी., आपके उपन्यास 'नर–नारी' में माँजी सैक्स की चुनौती है। पुरुषप्रधान समाज ने इन आहटों को आवाज़ों में बदलने नहीं दिया। खेल का अधिकार उसके पास सुरक्षित तथा उसके नियन्त्रण में था। 'नर–नारी' का सम्पूर्ण कथ्य इस बात को प्रमाणित करता है। शरीर की मांसल ऊर्जा के स्तर पर पुरुष की ओर चिन्ता से देखता है।

के.बी. 'नर–नारी' ने मुझे परेशान भी किया क्योंकि उसमें सैक्स को लेकर कामुक मुद्राओं का ख़ासा जमावड़ा था। शरीर द्वारा शरीर के आगे का बिन्दु भी ढूँढ़ती रही। सैक्स हमारे जीवन का, साहित्य का महाभाव है। जो उपन्यास इस समय मेरी मेज़ पर है* उसकी ख़ामोशियों

* समय सरगम

में बूढ़े-सयाने लोगों का यह मौसम भी सैक्स और अनुराग भाव से रिक्त नहीं है। उसका रंग ज़रूर यौवन से अलग है। परिवार की अन्तरगाथा जितनी मोहक है उतनी ही अनमोहक भी। कटु कहना सही न होगा। बच्चों के बड़े हो जाने पर भारतीय माता-पिता या सयाने मित्र यह महसूस करते हैं कि वह और उनका अस्तित्व गहरे तक बच्चों से जुड़ा है, अनचाहे ही उन पर आधारित भी–पर उनसे अलग भी है। इस अलग समय को जीने में भारतीय मन झिझकता रहा है। इस नए उपन्यास में मैंने परिवार से विलग इसी समय को रेखांकित किया है।

वैद : आपने *मित्रो* के बारे में जो कहा उससे मैं सहमत हूँ। *नर-नारी* के बारे में मैं कोई सफ़ाई नहीं देना चाहता। आपने जो कहा उसे मैंने अपने मन में दर्ज कर लिया है। इतना ज़रूर कह सकता हूँ कि उसमें मेरी कोशिश यह थी कि कई प्रकार के शारीरिक और कामुक सम्बन्ध हों, स्थितियाँ हों। बाँझ माँजी के कामुक प्रसंगों को आदर से देखना और रखना चाहता था, उन्हीं के चेतना-प्रवाह की भाषा में। ममी के चरित्र को मैंने जान-बूझकर बढ़ा-चढ़ाकर रखा है–एक ख़ास क़िस्म की विकृति को व्यक्त करने के लिए उतना नहीं, जितना बेटे के प्रति माँ के अतिरिक्त मोह को और उसके कुप्रभाव को व्यक्त करने के लिए। इसी तरह सुअर को मैंने जान-बूझकर

हास्यास्पद बना दिया है। बस अब इसके बारे में और नहीं।

सोबती : ऐसी दैहिक मांसल शरारतें और व्यापार आपके यहाँ ख़ासे हैं। इसका सम्बन्ध सैक्स सम्बन्धों, कल्पनाओं से तो है ही, लेखकीय क्षमता और जुर्रत से भी है। इस तीरंदाजी में व्यंग्य भरे निशानों को कहाँ तक पहुँचाया जा सकता है–कोई चाहे तो आपसे यह सीख सकता है। हाँ–एक बात जोड़ना चाहती हूँ कि रचनात्मक स्तर पर यह एक ऐसा विषय है जो लेखक से एक साथ कल्पना, संयम, अनुभव और कौशल की माँग करता है। एक सूत भर इधर-उधर हुए नहीं कि कलात्मक सन्तुलन भंग। नैतिक सन्दर्भ को तो मैं बाहर ही रख रही हूँ।

वैद : आपने सयानों की सोहबत और संग का ज़िक्र किया और अपने चल रहे उपन्यास का भी तो मुझे याद आया कि मैंने भी इस बात को लेकर कुछ बरस हुए दो कहानियाँ लिखी थीं–'रात की सैर' और 'लीला'। 'लीला' तो काफ़ी लम्बी है, चाहूँ तो उसे छोटा नॉवल भी कह सकता हूँ। 'रात की सैर' शायद आपने पढ़ी हो।

सोबती : मैं याद कर सकती हूँ आपके उस पाठ को। सही अर्थों में वयस्क अभिव्यक्ति। रोज़ वह देखती है कि रात को वह साथ-साथ सोए हुए हैं। यह भी कि

अपने जिस्म से एक जिस्म अलग होता है और वह मेरी तरफ़ देखता है और नहीं भी देखता है और उठकर चला जाता है।

उसका पति कहता है कि मैं रोज़ रात को सैर करता हूँ और तब तक घूमता रहता हूँ, घर में जब तक मुझे रोशनी का एक घेरा दिखाई नहीं देता। के.बी. पुरुष हो या स्त्री, यह है आदिम देह का मांसल दबाव। दिमाग़ और लिंग गुँथे हैं एक संचार नियम से।

औरत और आदमी दोनों सच कह रहे हैं। बात सिर्फ़ इतनी नहीं कि औरत की माँग पर ही आप अपनी कुंडली को जगा रहे हैं!

अवचेतन की इस झाँकी को मैंने इतने निथरे हुए रूप में कहीं और नहीं पढ़ा। मैं आपके उपन्यास की बात कर रही हूँ–सैक्स की नहीं।

एक नश्वर शरीर के अनश्वर प्रवाह की। हाँ, कई बातों में भले मैं आपसे सहमत न हूँ लेकिन इस टुकड़े पर आपकी दाद देनी होगी।

के.बी. मुझे कहने दीजिए कि आपके पास ऐसी शरारतों का भरपूर खज़ाना है। आपके पाठ के पीछे से झाँकता है एक वयस्क नटखटपन जो कभी भोलेपन से और कभी मसख़रेपन से पाठक को उकसाता है। हमारे प्राचीन भारतीय संयुक्त परिवार में 'बहू' को बहू बनाकर बहुत कुछ ऊपर-नीचे किया गया लेकिन उसने 'बेटों' को तो

घोंचू ज़रूर बना दिया। उसके व्यक्ति को गृहस्थी के ठिकाने लगा दिया। इस निगाह से देखा हुआ आपका बेचारा नायक भी कम दिलचस्प नहीं लगता। हाँ, ऐसे-ऐसे मुक़ामों की भी कमी नहीं जब पाठक बरबस यह कह उठे–पाजी साला।

साहित्य में शील-अश्लील की बहसों का समय गुज़र चुका है। फिर भी इतना कहना ज़रूरी है कि अश्लील सिर्फ़ सैक्स से ही सम्बन्धित नहीं। हमारे सामाजिक लैंडस्केप में बेशुमार स्थितियाँ ऐसी हैं जो 'शील' के दायरे से बाहर हैं। कूड़े के ढेर की तरह जो घर से निकाल बाहर फेंक दिया जाता है। हम पिछड़ों, निर्धनों, दलित और विजातियों के प्रति उदासीनता दिखाकर ऐसी ही 'अश्लीलता' को प्रकट कर रहे हैं।

हाँ, अब तो हम इसकी चिन्ता करने लगे कि यह शब्द शिष्ट हैं कि नहीं तो क़िस्सा दूसरा शुरू हो जाएगा। हाँ 'यारो के यार' को अश्लील की श्रेणी में रखने का कारण गालियों का प्रयोग था जो दफ़्तर की एकरसता को भंग करने के लिए इस्तेमाल होता ही रहता है। उसके बिना 'यारो के यार' का पाठ लिखा ही नहीं जा सकता था।

के.बी. आपने बराबरी का शब्द इस्तेमाल किया है। यह शब्द स्त्री समाज को बेहतरी की ओर उत्तेजित करता है। भारतीय स्त्री सदियों तक मनुवादी श्रृंखला से गढ़ी रूढ़ियों के खूँटे से बँधी रही है। उसे 'बराबरी' का अधिकार मिला है भारतीय संविधान से। उसी के बल पर

वह पुराने नैतिक मूल्यों की चिलमन से बाहर निकलकर अपने व्यक्ति के व्यक्तित्व को ढूँढ़ने और सँवारने में व्यस्त है।
नई भारतीय स्त्री की महत्वाकांक्षाओं और क्षमताओं से आज हमारा पुरुष-समाज त्रस्त दीख रहा है। स्त्री-विमर्श के पहलुओं के मनचाहे विश्लेषण कर रहा है। सच तो यह है कि उसे यह जान लेना चाहिए कि पुरानी परम्परा का संयुक्त परिवारी ढाँचा लगभग चरमरा रहा है और पुरुष का ठाठ और स्त्री का ठेठ बुनियादी रूप से बदलने को है। शिक्षा और आर्थिक स्वतन्त्रता ही स्त्री के सामाजिक पक्ष को मज़बूत करेंगे।

वैद : इस सन्दर्भ में आरक्षण भी आवश्यक है तब तक जब तक हालात बुनियादी तौर पर बदल नहीं जाते और नर-नारी की आपसी बराबरी से सदियों पुरानी सारी बाधाएँ दूर नहीं हो जातीं। और यह आरक्षण हमारे देश में ही नहीं अमेरिका जैसे तथाकथित उन्नत देशों में भी आवश्यक मान लिया गया है।

सोबती : हमें स्त्री की प्रकृतिप्रदत्त क्षमताओं की ओर देखना होगा। जब औरतें पढ़ी-लिखी नहीं थीं तब भी उन्होंने सन्तान को ऐसा बनाना चाहा जो उनके अपने होने से आगे का परिष्कार था। उनकी अपनी सीमाओं का विस्तार था। हाँ, बेटी सन्तान को क्योंकि उन्हीं की तरह जीवन में स्थित होना होता था सो उसकी परवरिश

पुरानी लीक पर अटकी रही।

सच तो यह है के.बी. कि हमने गृहस्थ की चौखट में औरतों का मनोविज्ञान बदल दिया है। अब वह इस चंगुल में से निकलने की तैयारी में है। इस पूरी प्रक्रिया का जवाब 'शिक्षा' और आर्थिक स्वतन्त्रता में है। नागरिक होने की समानताओं और उनकी सम्भावनाओं में है। इन परिस्थितियों में भी भले स्वभावगत विसंगतियाँ उभर सकती हैं।

वैद : बिलकुल ठीक है लेकिन एक बात कहूँ, कृष्णा, हमारे यहाँ एक पारम्परिक परिवार में औरत का जो स्थान रहा है उसे देखते हुए औरत की दाद देनी पड़ेगी कि वह पहाड़ी नाले की तरह तमाम रुकावटों के बावजूद अपने आपको बनाए और बचाए रखने का कोई न कोई रास्ता निकालने की कोशिश करती रही है और कभी-कभी उस कोशिश में सफल भी हो जाती रही है—चाहे तथाकथित 'चोरी-चक्कारी' और 'मक्कारी' की मदद से ही।

सोबती : के.बी. चोरी-चक्कारी और मक्कारी के तीनों शब्द मुझे हास्यास्पद सुन पड़ रहे हैं। मानो मानव परिवार का पुरुष भाग इन गुणों से बरी हो। क्या सचमुच आप इस पर विश्वास करते हैं ? अगर हाँ तो मुझे इस पर ऐतराज़ होना चाहिए।

वैद : आपकी शिकायत बजा है। संस्कारवश मैंने ग़लती से एक अनुचित मुहावरे का इस्तेमाल कर दिया। हमारे संस्कार बदलेंगे तो हमारे मुहावरे भी बदल जाएँगे। लेकिन यह मत भूलिए कि मेरे इन शब्दों को इन्वर्टिड कॉमों ने घेर रखा है—ये शब्द मेरे नहीं, पुरुष समाज के हैं।

फिर भी मैं उस औरत की सराहना तो करूँगा जो प्रतिकूल हालात में भी पिसती नहीं लेकिन यह भी चाहूँगा कि ऐसे हालात पैदा हों कि उसे यह सब न करना पड़े, अपने बचाव के लिए।

परिवार-भक्त मर्द इस पर यह कहते सुनाई देंगे कि औरतें त्रियाचरित्र में दक्ष होती हैं, उन्हें छलकपट आता है, वे अपना रास्ता निकाल लेती हैं, वग़ैरह-वग़ैरह। ज़ाहिर है मुझे ऐसे मर्दों से कोई हमदर्दी नहीं।

सोबती : एक चालाकी उसकी होती है जो शोषित होता है या दूसरे की छाँह तले होता है और एक उसकी जो अर्थव्यवस्था में ऊपर होता है।

त्रियाचरित्र पर मैं कोई फ़तवा नहीं दे सकती। स्त्री अपनी सीमाओं में बँधी छल-कपट का सहारा लेती है तो ज़रूरत पड़ने पर पुरुष भी इन्हें स्त्री से कहीं ज़्यादा निपुणता से इस्तेमाल करता है। पारिवारिक सम्बन्धों में यह नित्य प्रति होता है। जब वह एक स्त्री को दूसरी के ख़िलाफ़ अपनी परिधि में लेता है तो ऐसे ही छल-कपट

करता है। वह चाहे माँ और पत्नी के बीच हो या प्रेमिका और पत्नी के बीच। हम यह भी क्यों भूलें कि एक ऐसा भी छलावा होता है जो उनकी पूरी स्थितियों के साथ बदलता है जो पूर्ण रूप से साधनसम्पन्न नहीं होते। सच यह कि सुरक्षा का भी अपना ही शास्त्र है। असुरक्षा की भावना घर-गृहस्थी के बाहर नौकरी-धन्धों में लगातार देखी जा सकती है। ऊपर की कुर्सी पर भले पुरुष स्त्री हो या पुरुष पुरुष अथवा स्त्री स्त्री।

वैद : मर्द तो ख़ैर इस बात को बिलकुल भूला हुआ है। एक बात और कहना चाहता हूँ संयुक्त परिवार के सन्दर्भ में। उसमें रहते हुए बालिग़ बच्चों की सैक्सुऐलिटी बहुत कुंठित और कुत्सित हो जाती है। बहुत-से बच्चे शादी के बाद भी दिल्ली जैसे शहरों में अपने माँ-बाप के साथ चिपके रहते हैं—भले ही अक्सर अपनी आर्थिक मजबूरियों और सुविधाओं के कारण। इस स्थिति में परिवार के सभी सदस्यों की सैक्सुऐलिटी पर कई प्रकार के प्रतिबन्ध से लगे रहते हैं। हम उन लोगों की बात कर रहे हैं जो पढ़े-लिखे भी हैं और आसूदा भी। उनमें भी बहुत-से हिन्दू माता-पिता ऐसे हैं जो अपने शादीशुदा बेटों को अपने साथ या अपने दबाव में रखकर यह महसूस करते हैं कि वे उनकी मदद भी कर रहे हैं और हिफ़ाज़त भी। दरअसल वे संयुक्त परिवार की रक्षा ही कर रहे होते हैं या फिर अपनी सत्ता की।

सोबती : अभी आपने एक शब्द इस्तेमाल किया–हिन्दू...। क्या किसी विशेष सन्दर्भ में?

वैद : मैं जो बात कह रहा था वह शायद मुसलमानों पर भी लागू हो सकती है–मध्यवर्गीय भारतीय मुसलमानों पर।

एक और बात कहूँ। हमारे आदर्श इतने ऊँचे हैं कि हम उनकी ऊँचाई पर पहुँच ही नहीं सकते। आदर्श और व्यवहार का अन्तर हमारे समाज में जितना ज़्यादा है, उतना किसी और समाज में शायद ही हो। हमारे जो दार्शनिक सिद्धान्त हैं उनकी बड़ाई को मानते हुए हमें यह भी मान लेना पड़ेगा कि उनके व्यावहारिक रूप काफ़ी ख़राब हैं–जैसे कि कर्म और कर्मफल का सिद्धान्त।

हाँ, परिवार का कोई आसान विकल्प भले ही न हो लेकिन उसके अंकुश की तरफ़ ध्यान तो दिया ही जा सकता है। यह अंकुश पति और पत्नी के अलावा बच्चों पर भी रहता है, ख़ासतौर पर संयुक्त परिवार में, जिसमें रहते हुए किसी भी सदस्य के लिए सोचना बहुत कठिन हो जाता है।

सोबती : एकल परिवार में बड़े होने के कारण मैं संयुक्त परिवार के सदस्य को विपरीत दिशा से देखूँ तो कह सकती हूँ कि संयुक्त परिवार की संस्कारी मर्यादा व्यक्ति की निजता से बहुत कुछ छीन लेती है। उसके

आत्मविश्वास का बड़ा हिस्सा परिवार के दूसरे सदस्यों पर निर्भर होता है। हो जाता है। इसके साथ-साथ व्यक्ति में जो उसका आत्मिक एकान्त है वह परिवार के कोलाहल में ग़ायब हो जाता है। उसकी सोच का हर हिस्सा पारिवारिक रूप से सार्वजनिक होता है। मैं थोड़ी-बहुत ग़लत भी हो सकती हूँ क्योंकि अपने तईं ज़िन्दगी का जो हिस्सा मैंने जीया है वह इससे दूसरे ढंग का है। एकल परिवार में बड़े हुए लोग आत्मनिर्भर होते हैं। संयुक्त परिवार के ज़्यादा सहज, समझदार। मगर निर्णय लेने में कमज़ोर।

आप ठीक कह रहे हैं। मैं इसके लिए शिक्षा और संस्कार का शब्द इस्तेमाल करूँगी। हमारे यहाँ नागरिकों की बहुत बड़ी संख्या पिछड़ी रही है, अशिक्षा के कारण। इसीलिए साक्षरता और शिक्षा मात्र आन्दोलन नहीं–राष्ट्र की लोकतान्त्रिक प्रणाली को मज़बूत करनेवाला महत्त्वपूर्ण अभियान भी है।

वैद : बात को एक और मोड़ दें? साहित्यिक मोड़? कृष्णा, कुछ देर पहले आपने जिस अनुशासन की बात की वह आपमें भी है, और बहुत-से लेखकों में भी है। जिनमें नहीं होता उनका सिलसिला, लेखन का, बहुत जल्दी टूट जाता है। कुछ लोग कहते हैं कि जब ऊपर से उतरेगा तभी तो वे कुछ लिखेंगे। ऊपर से तभी उतरेगा जब आप उसकी प्रतीक्षा में ध्यान लगाकर बैठेंगे। जिस

मेज़ की आपने कुछ देर पहले बात की उस पर बैठ, उस पर सर झुकाएँगे तभी ऊपर से कुछ उतरेगा। मैं इलहाम में विश्वास रखता हूँ और अनुशासन में भी। यह बात दीगर है कि सभी लेखकों का अनुशासन एक-सा नहीं होता, एक-सा नहीं दिखता। कुछ लेखक बाहर से ढीले दिखते हुए भी भीतर से बहुत अनुशासित होते हैं।

सोबती : लेखन एक बौद्धिक प्रक्रिया है, पर परिश्रम भी।

वैद : और एक साधना भी है।

सोबती : जी हाँ, निःसन्देह।

वैद : लेखन में सूखे के अन्तराल तो आते ही रहते हैं। सभी रचनाएँ एक जैसी ऊर्जा में से नहीं फूटतीं। काम में ऊँच-नीच अनिवार्य है। कई बार ऐसा भी होता है कि बड़े-बड़े लेखक अचानक चुक जाते हैं, दो-तीन अच्छी रचनाएँ दे देने के बाद। किसी के चुक जाने पर जो लोग शादियाने से बजाने लगते हैं, उन्हें यह नहीं भूलना चाहिए कि वे ख़ुद भी अचानक चुक जा सकते हैं। लेखकीय सूखे या लक़वे का अन्देशा हर लेखक के सर या क़लम पर मँडराता रहता है, हरदम, ख़ुद उसे उसकी आगही हो या न हो।

सोबती : दिलचस्प यह भी कि हम लेखक अपने

अन्दर बाहर और आर-पार क्या देखते हैं, उसे लेखकों की आपसदारी में उतना ही बाँट सकते हैं जितना इस बातचीत के दरमियान हम बाँट रहे हैं।

हम भीड़ में क्या खोजते हैं, शायद कभी भीड़ में अपने को, कभी अपने में भीड़ को। यह भी ठीक शब्दों में बताना मुश्किल है। कहानियों और उपन्यासों के कथानक तो बिलकुल नहीं। लेखन तुक्कों की मार नहीं-लेखक होना एक पूरी तालीम है। लेखक के पास लेखक का अनुभव-संसार है। अपने अन्दर और बाहर की स्थितियों को और अपने को पढ़ने की जीवन-दृष्टि है। वह जासूसी तो निश्चय ही नहीं।

लेखक के पास इमेजेस का अम्बार है। अपना स्मृति बैंक है। जहाँ बरसों-बरसों तक घटनाएँ-भाव पकते रहते हैं। कभी बोसीदा होकर कबाड़ बन जाते हैं और कभी प्रतिभा के बल पर चमकने को उघड़ आते हैं। वह चौकन्नापन भी जो हर नए अनुभव के साथ वजूद में आता है, तराश लिया जाता है।

आप लिखना शुरू करते हैं और जाने किस उद्यम से जो आरम्भ में लगभग न के बराबर होता है-भाव, विचार पन्ने पर उघड़ते चले जाते हैं। फिर भी कहना होगा, लेखक का वक़्त बड़ा ज़ालिम होता है। लेखन समय कभी-कभी तो लेखक के जाने के बाद शुरू होता है।

वैद : हमारी इस बातचीत पर थोड़ा-सा

नियन्त्रण इस रिकार्डिंग यन्त्र का भी है तो वह भी ठीक ही है, क्योंकि आमतौर पर तो ऐसी बातें करने की नौबत ही नहीं आतीं। हाँ अगर साधना का शब्द न भी इस्तेमाल करें तो भी मैं कहना चाहूँगा कि लेखक की कोशिश तो रहती ही है कि उसके काम में कोई बहुत लम्बा अन्तराल न आए, निरन्तरता बनी रहे, ख़्वाहिश रहती है कि जिस रचना पर आप काम कर रहे हैं वह आपको बाँधे रहे। पिछले कुछ वर्षों से शायद इसीलिए मैंने फुटकर कहानियाँ लिखना बन्द-सा कर दिया है या फिर ऐसी कहानियाँ ही लिखता हूँ जो एक-दूसरे से अलग होते हुए भी एक-दूसरे से जुड़ी हुई हों, किसी न किसी लिहाज़ से–यानि कि कहानियों के सिलसिले।

अब इस बात को छोड़ मैं एक और सवाल उठाना चाहता हूँ, कृष्णा, साहित्यिक क्षेत्र में 'सफलता' के बारे में और उसके कुप्रभाव के बारे में। पता नहीं आप इसके बारे में क्या सोचती हैं लेकिन मुझे तो ऐसी सफलता से डर-सा लगता है, इसीलिए शायद मैं इससे यथासम्भव कतराता भी रहा हूँ और यह मुझे पूरी तरह मिली भी नहीं। मेरा इशारा उस सफलता से है जिसके नतीजे के तौर पर लेखकों को यहाँ-वहाँ इस या उस आयोजन में बुलाया जाता है, अध्यक्षता वग़ैरह के लिए, और वे धीरे-धीरे एक ग्लैमर में गिरफ़्तार से हो जाते हैं, एक सेलिब्रिटी बन जाते हैं। ऐसी सफलता कई बार लेखकों को अपने काम और मर्म से दूर ले जाती है, ऐसा मैंने

देखा है। हो सकता है, मेरी यह आशंका मेरी ईर्ष्या में से ही उग आई हो।

सोबती : माफ़ कीजिए मुझे लगता है इस विषय पर आपको एक बार फिर से सोचना होगा। इसका सिर्फ़ एक ही पैमाना नहीं हो सकता। किसी भी लेखक का लेखन उसकी मेज़ और उसके प्रकाशक तक ही महदूद नहीं। लेखक लेखन के साथ जुड़े हैं उसके पाठक भी। शब्द संस्कृति के साथ जुड़े हैं पाठक, साहित्य-संस्थान, विद्यालय-छात्र और विश्वविद्यालय। नाटक मंच और पुस्तक मेले भी। भले इलेक्ट्रॉनिक मीडिया अब हमारा प्रमुख अंग नहीं पर एक हद तक प्रेस तो है। भले अब साहित्य और साहित्यकार मीडिया का गौण हिस्सा हो–पर है। मीडिया का एक साधन भाषा भी है और हम भाषायी रचनात्मकता में कार्यशील। यह सोचना कि लेखक के कार्यक्षेत्र की यह महत्त्वपूर्ण सक्रियता बेकार है, सही नहीं। सच तो यह भी कि लेखक बिरादरी सामाजिक संस्कृति के बाहर नहीं। अगर लेखक, लेखक होने के नाते सेमिनार, कवि सम्मेलन, संगोष्ठी उद्घाटन जैसे आयोजन में आमन्त्रित किए जाते हैं तो उसमें परेशान होने की ज़रूरत नहीं। कहाँ जाना है, कहाँ नहीं इसका निर्णय तो उसे समझदारी से स्वयं करना होता है। इसे लेकर सब लेखकों के अलग-अलग मानदंड होंगे। अपनी बात कहूँ तो मैं इसे लेकर ख़ासी सावधानी बरतती

हूँ। अपने को यहाँ-वहाँ लटका हुआ इश्तहार नहीं बनाती। यही बात प्रकाशित होने में भी ज़रूरी है। सच तो यह है, लेखक को अपना नाम और अपने लेखन की मर्यादा स्वयं बनानी होती हैं। स्पष्ट करनी होती है।

वैद : जो बात आपने आख़िर में कही मैं उससे सहमत हूँ लेकिन मेरे मन में जो आशंका है उसे मैंने आपके सामने रख दिया और साथ ही उस आशंका के बारे में एक और आशंका को भी। जब मैं विदेश में रह रहा था तो अकसर इस ख़याल से ताक़त और तसल्ली बटोरता रहता था कि मैं बहुत-से प्रलोभनों की पहुँच से दूर हूँ, साहित्यिक राजनीति से कटा हुआ हूँ, चाहूँ तो भी उसमें शरीक नहीं हो सकता, उसका शिकार भले ही होता रहूँ।

सोबती : अब मैं कॉपीराइट की बात उठाना चाहती हूँ। 'हरदत्त का ज़िन्दगीनामा' उपन्यास जिसके सहलेखक अमृता प्रीतम और 'हरदत्त' थे। प्रकाशित कृति को सिर्फ़ 'ज़िन्दगीनामा' शीर्षक से विज्ञापित किया गया। इसके साथ ही हरदत्त को मिलनेवाली आधी रॉयल्टी का अधिकार भी ख़ारिज कर दिया गया। दिलचस्प खेल था। हरदत्त स्वयं प्रेस में गए और अपनी व्यथा-कथा प्रस्तुत की। अमृता प्रीतम और हरदत्त दोनों के बीच अनुबन्ध के अनुसार हरदत्त ग़लत नहीं थे। कहानी उनकी थी जिसे अमृता प्रीतम ने पंजाबी में शब्द-बद्ध किया था। पूरा

मसविदा हरदत्त के साइबेरिया पहुँचने का था। हरदत्त को जासूसी के अभियोग में उम्रक़ैद की सज़ा हुई थी। इस शीर्षक पर सेंध लगानेवाले प्रकाशक और लेखक दोनों यह बाज़ारू हथकंडा न करते तो भी राज्यसभा के सदस्य द्वारा लिखी किताब की बिक्री होती ही और 'ज़िन्दगीनामा' उपन्यास के शीर्षक की सुरक्षा के लिए हाईकोर्ट में बरसों-बरसों न लगते। बहरहाल कॉपीराइट बालाय ताक़ और मेरा शीर्षक तेरे हाथ। इस अभ्यास को क़ानूनन पुख़्ता करने के लिए कई शीर्षक उड़ाए जा चुके हैं और शिकायत करने पर दुबारा ऐसा न करने के माफ़ीनामे पत्रों में दोहराए जा चुके हैं।

के.बी., अपने उपन्यास 'ज़िन्दगीनामा' के शीर्षक की सुरक्षा करने का मेरा इरादा यूँ ही उठ आई किसी तरंग के तहत नहीं था। अगर कोई भी अपने उपन्यास को मेरे उपन्यास के शीर्षक से विज्ञापित करेगा तो मुझे ऐतराज़ होना लाज़मी है। कॉपीराइट वाले पन्ने पर भी अपने उपन्यास का नाम पूरा न देकर सिर्फ़ 'ज़िन्दगीनामा' देगा तो घपला साफ़ है। एक ऐसा घपला जो प्रकाशक और लेखक की मिलीभगत के बिना हो ही नहीं सकता। जिस माफ़िया स्तर पर मुक़दमे को जीत सकने की मुहिम छेड़ी गई थी वह अब इसे ख़ारिज करवाने पर आमादा है। सैकड़ों पत्र लिखने के बाद, किताब के शीर्षक के लिए लेखक एक शब्द मार लेने के सिवाय और कुछ न सोच सके, यह भी विस्मयकारी है। मैं अपनी आत्मकथा

पर 'रसीदी टिकट' का शीर्षक क्यों चस्पां करूँ! क्या मेरी लेखकीय क्षमताएँ इतनी गई-गुज़री हैं कि मैं अपने लिए कोई शीर्षक न ढूँढ़ सकूँ। बारीक अक्षर में 'मेरा' लिखकर आगे 'रसीदी टिकट' लगा दूँ! कॉपीराइट के विवरण में सिर्फ़ 'रसीदी टिकट' छपवा दूँ। के.बी. यह लेखक और प्रकाशकों की मिली-जुली साँठ-गाँठ थी। प्रकाशक भी ऐसे जो कॉपीराइट विशेषज्ञ माने जाते रहे हैं। वही धड़ल्ले से इन हथकंडों को अंजाम देते हैं। आज की तारीख़ में हर प्रकाशित पंक्ति और जानकारी पर प्रकाशक अपना अधिकार जताता है और उसकी सुरक्षा करता है। ऐसी प्रकाशकीय सुरक्षा अपने प्रकाशक से कॉपीराइट के तहत अर्जित करने का अधिकार लेखक को क्यों नहीं होना चाहिए।

क़ानून के मुताबिक़ लेखन एक बौद्धिक प्रक्रिया है पर वह परिश्रम भी है। परिश्रम के साथ आर्थिक पक्ष भी जुड़ा है। इस पक्ष के साथ कुछ अधिकार भी जिन्हें हम लेखकों को समझना होगा।

मुझे गर्व है कि मैंने किसी के न सस्ते क़सीदे पढ़े और न सरकारी महिमा के गीत गाए। लेखक के लिए यह अलग-अलग राह-रस्में कितनी गहरी और कितनी हल्की हैं-यह हम सब जानते हैं।

हाँ इस कॉपीराइट विवाद में प्रकाशकों की मिलीभगत और साझेदारी अद्भुत रही। जो 'ज़िन्दगीनामा' के साथ किया गया वह दूसरी कृतियों के साथ भी जारी है।

जिस प्रकाशन-गृह की प्रकाशित कृति के शीर्षक का अतिक्रमण हो वह प्रकाशक समझदार होने के नाते पहले इस हादसे से आँखें चुराए रहता है फिर मौक़ा देखकर उसे सुरक्षात्मक पत्र भेजता है। जिसके प्रकाशन-गृह से अतिक्रमण हुआ वह 24 कैरेट की ईमानदारी से क्षमायाचना कर लेता है। मतलब यह कि मेरे धंधई भाई अब तो इस नाम की किताब छप चुकी–बिक रही है–जब तक संस्करण ख़त्म नहीं होता बिकती रहेगी। "विश्वास दिलाता हूँ कि उसके बाद यह कृति इस शीर्षक तले प्रकाशित नहीं होगी। फिर नहीं छपेगी।"

के.बी. प्रकाशक की क्षमायाचना में 'फिर' बहुत महत्त्वपूर्ण है। यह उस प्रकाशक का ज़िक्र है जिसने 'ज़िन्दगीनामा' शीर्षक का अतिक्रमण किया। कॉपीराइट को घरेलू स्तर पर ही इस्तेमाल किया जाता है। किताब का छपा हुआ संस्करण कभी ख़त्म ही नहीं हो सकता।

वैद : प्रकाशक और कॉपीराइट का मुआमला भी बहुत अहम है और प्रकाशक और लेखक के आपसी रिश्ते का भी। हमारे यहाँ अभी तक ऐसी रिवायतें स्थापित नहीं हुईं कि प्रकाशक लेखक को सच्चे आदर की निगाह से देखें, उसके अधिकारों की क़द्र करें, उनकी रक्षा करें। नए लेखकों के लिए ऐसी रिवायतें और क़ायदे-क़ानून ख़ासतौर पर सहायक हो सकते हैं। उन लेखकों के लिए भी जो मेरी तरह अक्खड़ होते हैं और अपनी

ज़िद्द पर अड़ जाते हैं। कई प्रकाशकों और लेखकों से मेरा मोहभंग हुआ–*बिमल उर्फ़ जाएँ तो जाएँ कहाँ* के सिलसिले में, आप जानती ही हैं।

सोबती : जी हाँ, लेखक प्रकाशक के बीच जिन पेचीदा सम्बन्धों की ओर आप इशारा कर रहे हैं, मैं उनसे ख़ूब वाक़िफ़ हूँ। आपसे न सहमत होने का तो सवाल ही नहीं उठता। आप जानते ही हैं–एक तथाकथित अच्छे प्रकाशन-गृह से जुड़े होने के बावजूद मैं उसकी धोखाधड़ी का शिकार हुई हूँ।

पाठकों के प्रति लेखक का क्या दायित्व है और लेखक और शिक्षित समाज के निकट प्रकाशक का क्या कर्त्तव्य है, यह दोनों एक-दूसरे की बराबरी पर ही आधारित हो सकते हैं मगर आज की तारीख़ में दोनों दबावों के बदलते परिवेश में एक-दूसरे से दूर छिटकते जा रहे हैं। लेखक की आन्तरिक ऊर्जा अपने अन्दर और बाहर फैली विभिन्न प्रतिक्रियाओं और माध्यमों से उभरती है। प्रकाशक का पूरा ध्यान बाज़ार के आँकड़ों से बँधा-सटा है। उसके निकट धन्धे का धन ही 'उत्तम पुरुष' है। उसकी आत्मा व्यापारिक है। लेखक गौण है। प्रकाशक लेखक को अपनी रियासत का तथाकथित हिस्सा समझ बराबरी और शिष्टता को फिज़ूलख़र्ची समझता है। बाज़ार प्रकाशक की अतृप्त आत्मा को अपनी ओर खींचता है। ऐसे में हम लेखक न जाने किन बदलावों की उम्मीद

कर सकते हैं। शब्द-संस्कृति का नया व्यावसायिक परिवेश साहित्यकार के पुराने साधना-संस्कार को निगल जाने को है–ऐसा ही लगने लगा है। क्योंकि सफल प्रकाशक सामाजिक ऊँचाइयों के फेर में पड़कर सबसे पहले लेखकों को अनदेखा करता है।

साहित्यकारों के अधिकारों का समाधान 'कॉपीराइट' में है लेकिन अब तक इसका पूरा वजूद 'कॉपीराइट' शब्द में ही जमा कर लिया गया है। वह भी एक पन्ने पर। प्रकाशक 'कॉपीराइट' पन्ने पर जिसका ऐलान करता है उसके 'ओपरेटिव' होने के दूसरे आसार अभी नज़र नहीं आते। हमारे यहाँ 'कॉपीराइट' शब्द की व्याख्या अभी इतनी ही है। प्रकाशकों का संगठन लेखक के लिए 'कॉपीराइट' सजगता की ओर न बढ़ने और रोड़े अटकाने के लिए जितने उपाय कर सकता है– जी-जान से करता है।

हिन्दी के प्रमुख प्रकाशक, यहाँ तक कि कॉपीराइट विशेषज्ञ समझे जानेवाले प्रकाशक भी बड़े हल्के लहजे में कहते सुने जाते हैं कि इसके अलावा कॉपीराइट का कोई दूसरा हिस्सा तो हमने इस्तेमाल ही नहीं किया। के.बी. असल में सच तो यह है कि कॉपीराइट के 'रक्षक और भक्षक' दोनों एक ही वजूद में पलते हैं और प्रकाशन-गृह प्रकाशक-संगठनों द्वारा सुरक्षित रहते हैं।

वैद : मैं आपसे सहमत हूँ कि लेखक को ख़ुद्दार होना

चाहिए, उसे प्रकाशक के सामने भी डटकर बात करनी चाहिए और पाठक के सामने भी डटकर खड़ा होना चाहिए, अपनी शर्तों को क़ायम रखना चाहिए, अपनी शर्तों पर छपना चाहिए, अपनी शर्तों पर लिखना चाहिए, अपनी शर्तों पर पढ़ा जाना चाहिए।

जो लेखक अपनी शर्तों की हिफ़ाज़त नहीं करता वह कमर्शल और कमज़ोर है। जो लेखक यह ठानकर लिखता है कि मैं अमुक पाठक वर्ग के लिए लिखूँगा, उसमें और एक कमर्शल लेखक में कोई ख़ास अन्तर नहीं रह जाता। मैं जानता हूँ कि इस तरह की ख़ुद्दारी कम लेखकों में है। आपमें है और, अगर ग़लत न समझें, तो कह सकता हूँ मुझमें भी है।

लेखक के अधिकारों की रक्षा न साहित्य अकादमी कर रही है और न कोई संस्थान या लेखक संघ।

सोबती : हम लोग हिन्दी प्रकाशकों की सक्रियता की बात शुरू करें तो लेखकों का 'त्रास राग' छेड़ना ही होगा। संवाद बहुत लम्बा चलेगा सो कुछ देर के लिए इसे छोड़ ही देते हैं। हाँ लेखकीय अधिकारों की सुरक्षा और साहित्य अकादमी का प्रभावशाली संस्थान एक-दूसरे से ख़ासे दूर हैं। राष्ट्र-भर की मनीषा को संचालित और संचारित करनेवाला यह विशालकाय संस्थान अपने तथाकथित अखिल भारतीय वजूद और बहुत बड़े बजट और राजनीति में फँसकर रह गया है। आरम्भ में साहित्य

की जिस स्वायत्तता को सरकारी मुखड़े से अलग रखा गया था, अब वह उसी झंझट-जंजाल में गहरे तक लिप्त है। वार्षिक पुरस्कार, संगोष्ठी, पुस्तक प्रकाशन, और विदेश यात्राओं के चलते लेखकीय अधिकारों की सुगबुगाहट भला कहाँ से सुनाई पड़ेगी। कॉपीराइट, लिटरेरी एजेंट, कॉपीराइट के झगड़े यह सब साहित्य अकादमी के कार्य-कलापों से बाहर हैं। इन विषयों पर कभी कोई गोष्ठी आयोजित की गई हो, मालूम नहीं। साहित्य अकादमी के लिए यह पचड़े ग़ैरज़रूरी हैं जो पूरी भारतीय लेखक बिरादरी के अस्तित्व के लिए ज़रूरी हैं। हाँ किसी भी कॉपीराइट विवाद में साहित्य अकादमी प्रकाशकीय और सत्ता पक्ष का साथ देने को प्रतिबद्ध है। और प्रकाशकों के लिए तो और भी–वह जो करें, कर सकते हैं। विस्मयकारी यह भी कि अकादमी पुरस्कार की राशि पिछले पचपन बरसों में दस हजार से पचास हजार तक ही पहुँची है। राज्य अकादमियाँ लाख दे रही हैं। अन्य कलाओं के मुक़ाबले अगर आप साहित्य के बाज़ार टैग में इतना बड़ा फ़र्क़ कर रहे हैं तो आप साहित्य अकादमी और लेखकों के साथ अन्याय कर रहे हैं। आप पुरस्कार राशि क्या पाउंड या डॉलर में दे रहे हैं कि उसकी क़ीमत रुपयों से अलग आँक रहे हैं। साहित्य अकादमी का बैनर भारत की विभिन्न भाषाओं के बौद्धिक समूह को प्रभावित करता है–लेकिन उतनी ही उदासीनता से लेखकीय समूह का सत्कार करता है। हम सभी

जानते हैं कि यह एक ऐसा बड़ा संस्थान है जो अपनी प्रखरता में चाहे तो राजनीति के सहारे अपनी माँगों के लिए दबाव बना सकने में समर्थ हो सकता है। पिछले कई दशकों से इसके मानदंडों में उतार आया है। संस्थान की कार्य प्रणाली पहले से कहीं अधिक दाँव-पेची हुई है।

हर संस्थान की एक आन्तरिक प्रशासनिक व्यवस्था होती है जो नियम-क़ायदों से चलती है। एक और मद भी होता है जिसे लोकतन्त्र में 'मजबूरी मगर ज़रूरी' के भाव से पुकारा जाता है। आज यह 'मद' प्रमुख है। अगर मुख्य रूप से नियम-क़ानून बालाय-ताक़ रख किसी एक ही प्रोग्राम को बरस-दर-बरस दुहराते रहें तो बिचारा भाषा लेखक हसरत भरे इन मुलायम आक्रामक हथकंडों को, उनके सांस्कृतिक सम्पर्क विधान को या तो सीखने की कोशिश करेगा या उन अतिरिक्त सन्दर्भों की खोजबीन करेगा जिन्हें ढूँढ़कर लाना बिलकुल भी मुश्किल न होगा। विशेषकर वह कार्यकारी अन्दरूनी गूँथ जो आज के सम्पर्कवाद की घुंडी है और जिसके तागे, फुँदने फुम्मन किसी विशेष के लिए जोड़ लिये जाते हैं और कौन किसके हित में इनसे खेलेगा—भोलेपन से इन्हें सराहेगा यह दस परदों में भी जगजाहिर है।

के.बी. कम से कम साहित्यकारों की जमात में कुछ तो ऐसा हो जो सम्पर्कवाद के निहायत उघड़े सस्तेपन में लेखकीय अनुशासन की गरिमा की झलक दे। सिर्फ़

राजनीति और ख़ासतौर पर अपने व्यक्तिगत हित में बनाए गए जनमत की पोल अक्सर ख़ुद-ब-ख़ुद खुल जाती है।

वैद : मैं आपकी बहुत-सी बातों से पूरी तरह सहमत हूँ और कुछ बातों से कुछ संकोचों के साथ। उन संकोचों का सम्बन्ध मेरे इस अन्देशे से है कि सरकारी या नीम सरकारी पुरस्कारों के साथ सरकारी राजनीति का जुड़ जाना, उन पर उसका प्रभाव पड़ जाना मुझे अनिवार्य-सा लगता है, इसीलिए मैंने अक्सर सोचा है कि लेखकों की सहायता के लिए स्थापित निधि या फंड में सरकार का आर्थिक योगदान तो हो लेकिन उसका प्रबन्धन और संचालन वग़ैरह लेखकों के हाथ में ही रहे। कृष्णा, एक और काम भी साहित्य अकादेमी कर सकती है—लिटरेरी एजेंट का काम, जब तक हमारी स्थिति इस काबिल नहीं हो जाती कि पेशेवर लोग इस काम को सँभालने लगें, इस काम की ओर आकर्षित हों। लिटरेरी एजेंट प्रकाशक और लेखक को एक-दूसरे के क़रीब लाने में तो सहायक हो ही सकता है, लेखक के अधिकारों की रक्षा में भी सहायक हो सकता है। इस सिलसिले में चित्रकारों की तेज़ी से बदलती हुई स्थिति की तरफ़ हम देखें—पिछले कुछ सालों में कितनी ही नई आर्ट गैलरियाँ खुल गई हैं और कला के क्षेत्र में रौनक़-सी दिखने लगी है। प्रतिष्ठित कलाकारों की धूम तो पहले भी थी, अब नए कलाकारों की हालत में भी निखार और सुधार आ

गया है। कुछ लोगों को शिकायत हो सकती है कि कला पर बाज़ार हावी होने लगा है। यह शिकायत बजा भी है लेकिन बाज़ार के हावी हो जाने के ख़तरे के डर से हम यह भी तो नहीं चाहेंगे कि कलाकार या लेखक हमेशा के लिए बाज़ार से परहेज़ करता रहे और आर्थिक तंगी में रहे। भारतीय कला में आज जिस प्रकार की ऊर्जा हमें नज़र आती है, उस प्रकार की ऊर्जा भारतीय साहित्य में नहीं। जिस तरह की सक्रियता आर्ट गैलरियाँ दिखा रही है, उस तरह की सक्रियता हमारे प्रकाशकों में नहीं। लिटरेरी एजेंट, मुझे लगता है, इसमें सहायक हो सकते हैं, और जब तक वे पैदा नहीं होते, यह काम साहित्य अकादमी को करना चाहिए। यहाँ यह भी जोड़ दूँ कि ख़ुद मुझे यह भरोसा नहीं कि साहित्य अकादमी यह काम सुचारू तरीक़े से कर सकेगी। लगता यही है कि देर-सवेर यह काम लेखकों और प्रकाशकों को ही करना होगा। आप इस बारे में कुछ कहना चाहेंगी?

सोबती : जी हाँ, इन आर्ट गैलरियों की बहुतायत भारतीय समाज की साधनसम्पन्नता की ओर इशारा करती है। नया उभरता धनाढ्य वर्ग और शिक्षित मध्यवर्ग विशेष रूप में दीवार पर लटकती चित्र की अनुकृति और मूल कलाकृति में फ़र्क़ करता है। ऐसे लोग भी अच्छी-ख़ासी संख्या में मौजूद हैं जो मूल चित्र की जगह फ्रेम की जड़त को तरजीह देते हैं। इसमें रंगों के

लिए भारतीय आँख की सुरुचि भी शामिल समझिए। मैं संस्कृति के सुलभ स्वरूपों की बात कर रही हूँ। घर की साज-सज्जा भी अब नए उपभोक्ता समाज की माँग है। इसके मुक़ाबले साहित्य की सिकुड़ती परिधि इस बात का भी प्रमाण है कि गम्भीर पाठ्य-सामग्री की माँग भी किस हद तक मीडिया ही पूरी कर रहा है। साहित्य इनके त्वरित व्यापारिक ताने-बाने से कुछ दूर जा पड़ता है। फिर भी आपकी इस बात से सहमत नहीं कि साहित्य और साहित्यकारों में रचनात्मक ऊर्जा की कमी हो गई है। देश की तमाम क्षेत्रीय भाषाएँ, बोलियाँ नई स्थितियों के प्रति सजग हैं और अपने-अपने ढंग से देश की बड़ी भाषाओं के दबाव का सामना करने की कोशिश में हैं। भाषाओं के बीच आदान-प्रदान का माहौल है। रचनाकारों की नई पीढ़ियाँ अपनी रचनाओं में नितान्त नए आधुनिक प्रयोग प्रस्तुत कर रही हैं। रचनात्मक स्तर पर उसे चित्रकला के मुक़ाबले कमतर तो कहा ही नहीं जा सकता। दो अलग-अलग विधाएँ हैं और अलग-अलग सम्प्रेषण के गुण। नए दशकों में सर्जित उपन्यास, कहानी, कविता का संसार कम घना नहीं। हाँ के.बी. हम विचारधाराओं की बात कर रहे थे। हमारे राष्ट्रीय लोकतान्त्रिक मूल्य और भूमंडलीकरण के फलस्वरूप लेखकों के विचार पक्ष में नई जीवन-दृष्टि का समावेश हुआ है।

आप उसमें एक नई सोच, एक नई ऊर्जा पाते हैं जो

पुराने लेखकों के पाठ से अलग है और पीढ़ियों के बीच की दूरी और समय की रफ्तार की ओर इशारा करती है। अपनी पुरानी पीढ़ी की निगाह से देखें तो स्वतन्त्रता प्राप्ति के बाद की अर्द्धशती ने भारतीय मानस और विचार में लोकतान्त्रिक मूल्यों की गहरी चेतना को अंकित किया है। साहित्य से उभर रहे विचार की गति, संगति और विसंगतियाँ तकनोलॉजी के सहारे पुराने ढर्रे से एक नए भूमंडलीकरण के संस्कार की ओर बढ़ने की प्रक्रिया में हैं।

वैद : कृष्णा, मेरा अभिप्राय यह नहीं था कि हमारा साहित्य हमारी दूसरी कलाओं की अपेक्षा ऊर्जा के लिहाज़ से कम है। मैं यह कह रहा था कि हमारे प्रकाशक, ख़ासतौर पर हिन्दी के प्रकाशक, वैसी कारोबारी सजगता और सक्रियता और शायद ईमानदारी भी नहीं दिखा रहे जैसी कला दीर्घाएँ। किताबें दिखाई ही नहीं देतीं, बिकेंगी कैसे, किताबों की दुकानें ही इतनी कम हैं कि हैरानी होती है कि पाठक किताबों को खरीदता कहाँ से होगा। और हमारे प्रकाशक अभी भी शायद अपने भीतर यह भ्रम पाले हुए हैं कि वे पुस्तकें प्रकाशित कर बेचारे लेखकों पर एहसान कर रहे हैं।

सोबती : उत्तर-आधुनिक काल के सबसे बड़े सांस्कृतिक दबाव–'किसी भी मूल्य पर सफलता'–का

नया दौर शुरू हो चुका है। 'स्व की संस्कृति' जिसके तहत किसी भी क़ीमत पर अपने वांछित चरम की ओर जाना है, भले उसकी क़ीमत भ्रष्टाचार पार-पथ द्वारा चुकानी पड़े। हाँ भारतीय साहित्यकारों की आर्थिक तंगी की जो बात आपने की वह एक गम्भीर मसला है। हम 'पाँच सितारा' लेखकों की बात नहीं कर रहे जो राज्यों और केन्द्र की राजधानी में अपनी उपस्थिति बनाए हैं। भारतीय मानस में यह कहीं गहरे तक धँसा है कि साहित्यकार की आर्थिक तंगी उसकी प्रतिभा को प्रखर करती है। जैसे पुराने दशकों में कवियों, महाकवियों का किसी न किसी त्रासदी से गुज़रना भी उनकी सर्जनात्मक शक्ति का स्रोत हुआ करता था। के.बी. हमारे यहाँ ऐसे मूर्तिकार भी मौजूद रहे जो महानगरों से दूर मकराना जैसे बीहड़ अकेलेपन में रहने से भी नहीं कतराते रहे। रमेश पटेरिया बरसों मकराना की एक झुग्गी में रहे।

वैद : रमेश पटेरिया जिन हालात में बरसों रहे उनमें रहते हुए उनका बीमार पड़ जाना, एलकोहॉलिक हो जाना, मुझे अनिवार्य अगर नहीं तो स्वाभाविक ज़रूर लगता है। उनका इलाज होना चाहिए था।

सोबती : के.बी. आप ठीक कह रहे हैं—चित्रकार, मूर्तिकार और कवि, शायरों के साथ ऐसा होना विस्मयकारी नहीं। रमेश पटेरिया के साथ ललित कला

अकादमी के गैस्ट हाउस का दुःखद प्रसंग जुड़ा है। वही उनकी मृत्यु का कारण भी बना।

मकराना में रहते हुए उन्हें दिल्ली में रुकी पड़ी किसी पुरानी बड़ी पेमेंट के भुगतान की सूचना मिली तो वह रेल से दिल्ली पहुँचे। दुपहर पेमेंट लेने में निकल गई और वह रात में रुकने के लिए ललित कला अकादमी के गैस्टहाउस पहुँचे। वह दिल्ली में होते तो अकसर यहीं रुकते।

इस गैस्टहाउस ने उन्हें वहाँ रुकने की इजाज़त नहीं दी। रमेश ने बहुत मिन्नत-समाजत की लेकिन वहाँ के स्टाफ़ को कुछ और ही हिदायतें थीं। थके-माँदे पटेरिया जो बीमार लग रहे थे–मंडी हाउस से पहाड़गंज के बदनाम होटलों की बस्ती में जा घुसे। उन्होंने होटल के रजिस्टर में एंट्री की या नहीं–किसी को कोई ख़बर नहीं। शायद वह पहुँचते ही बेख़बरी में ही हो गए। उनको मिली बड़ी रक़म उड़ा ली गई और रात के अँधेरे में उन्हें पहाड़गंज से रिज पर फेंक दिया गया। वहीं अगली

सुबह पुलिस को उनका शव मिला। पटेरिया के अन्तिम संस्कार पर ललित कला अकादमी के स्टाफ़ के चेहरों पर गहरा सन्तोष झलक रहा था कि शुक्र है, हम बचे। हम लोग खड़े-खड़े सोचते रहे कि अगर रमेश पटेरिया पहाड़गंज न जाकर अपनी जानी-पहचानी जगह पर प्राण त्यागते तो भी शायद ललित कला अकादमी का बड़ा नुक़सान न हुआ होता।
के.बी. इस घटना के लिए किसी को क़सूरवार तो ठहराया नहीं जा सकता। बरसों-बरसों मकराना की मामूली-सी झुग्गी में रहकर अथक परिश्रम और पीने ने उनकी हालत जर्जर कर दी होगी। सवाल तो यह भी कि अगर वह ऐसा न करते तो कैसा करते। जो हाथ और छेनी से कर सके तो वह भी कहाँ करते। आज उत्तर-आधुनिक काल में रमेश पटेरिया जैसे कलाकारों की यह ढिठाई कितनी निरर्थक लगती है।

वैद : एक बात और-दिल्ली में ही नहीं, दूसरे बड़े शहरों में भी, ख़ासतौर पर उनमें जो साहित्य और प्रकाशन के केन्द्र से बन गए हैं, लेखकों के लिए ऐसे भवन होने चाहिए जहाँ वे एक-दूसरे से मिल सकें, बाहर से आनेवाले लेखकों को ठहरा सकें-ऐसी जगहें जो उन्हें काम करने के अवसर भी दें, आराम करने के अवसर भी, लेकिन ये बातें तो, कृष्णा, दूर की हैं।

सोबती : के..बी. आपको दिलचस्प लगेगा यह जानकर

कि उमाशंकर जोशी साहिब ने साहित्य अकादमी के अध्यक्ष पद की टर्म पूरी होने से पहले अकादमी की बेहतरी के लिए लेखकों से सुझाव माँगे थे।

मेरा सुझाव था कि हम लेखकों के मिलन स्थल के रूप में एक बियर बार या कॉफ़ी बार का प्रावधान ज़रूर करते जाएँ। लेखक समूह की इस सामाजिक पूर्ति के लिए राजधानी दिल्ली में यह उनकी सबसे बड़ी ज़रूरत है।

उमाशंकर साहिब ने सांस्कृतिक पुरोधा की तरह जवाब दिया था कि ज़रूरत को उचित समझते हुए भी वह दिल्ली के लेखकों की मदद नहीं कर सकते। मैं गांधीवादी हूँ और 'बार' के प्रावधान पर कुछ भी नहीं हो सकेगा। उमाशंकर जोशी जी का सौम्य व्यक्तित्व कुछ ऐसा था कि यह उत्तर भी हमें कुछ अटपटा नहीं लगा। इस ओर अभी तक कोई क़दम नहीं बढ़ा। आज जबकि गांधी के देश में ही सरकार शराब बनाने और बेचने लगी है वहाँ लेखकों के लिए किसी मिलन स्थल की व्यवस्था नहीं है।

वैद : मुझे लगता है कि सरकार ये सुविधाएँ न ही जुटाए तो बेहतर होगा। यह काम भी लेखकों और प्रकाशकों को ख़ुद ही करना होगा, अगर वे ख़ुद ही करें तो बेहतर होगा। सरकार का हस्तक्षेप साहित्य और कला में कम से कम ही रहे तो बेहतर। सुविधा से स्वतन्त्रता

बेहतर–लेखक और कलाकार के लिए। क्यों, कृष्णा?

सोबती : के.बी. मुद्दा सिर्फ़ बीयर-बार का ही नहीं, लेखक बिरादरी के नाते उसके सामाजिक समूह की अस्मिता का भी है। राजधानी के ईलीट-ग्रुप जहाँ भी मिलते हों–उनके लिए बहुत से सुविधाजनक स्थल हैं। मैं दिल्ली के अलावा सभी प्रदेशों की राजधानियों और महानगरों को ध्यान में रखकर भी यह कहना चाहूँगी कि लेखक-बुद्धिजीवी जहाँ चाहे वहाँ शामिल हों पर उसके कोने अँतरे में उसे प्रबुद्धों का पर्यावरण हासिल हो। हम सभी जानते हैं, यह हमारी कार्य-संस्कृति के लिए कितना ज़रूरी है। यह बिलकुल भी ज़रूरी नहीं है कि ऑडिटोरियम, कॉफ़ी शाप, बार, लाइब्रेरी तकनीकी सुविधाओं के साथ अकादमी बिल्डिंग में ही हों। लेखकों को साथ मिलकर इसके लिए कुछ सोचना होगा। हम राजधानी में क्यों किसी लेखकीय आवास गृह की बात नहीं सोच रहे–यह सचमुच हमारे ढुलमुल पक्ष को ही प्रकट करता है।

साहित्यिक कलह और साहित्य की राजनीति को अलग रखकर शब्द-संस्कृति की ओर मुड़ें तो कहना होगा कि संस्कृति का प्रतीक न कोई एक ग्रन्थ है, न कोई एक मत, सम्प्रदाय या धर्म, न कोई एक विद्वान, न लेखक, न कोई जाति धर्म मज़हब–यह लोक और व्यक्ति की साझी शक्ति का पर्याय है। सैकड़ों-हज़ारों-लाखों क़लमों

की विरासत एक साथ इसमें संचित है। आज इसका विश्वव्यापी प्रकाशनीय संचार तन्त्र इतना शक्तिशाली है कि जिसको चाहे घेर ले।

हम लेखक शब्द की अभिव्यक्ति के साथ क्या कहें, क्या लिखें इसका निर्देश किसी भी सत्ता से नहीं लिया जा सकता। विचार पर तानाशाही का यह अंकुश लेखकीय बिरादरी को कभी स्वीकार नहीं होगा। के.बी. हम उन व्यक्तियों और गुटों की बात नहीं कर रहे जो राजनीतिक ख़ेमों द्वारा पहरेदारी के लिए तैयार किए जाते हैं। साहित्य में प्रवाहित विचार को खँगालने की मुद्रा और उसे नितान्त सतही विचारधारा में ढालने के प्रपंच सिर्फ़ विचारशक्ति को नहीं–व्यक्ति नागरिक की गरिमा को ही नष्ट करते हैं। उसके लिए ख़तरा बनते हैं।

सोचें तो साहित्य ने धर्म, दर्शन, राजनीति, सैक्स और नैतिकता को कभी अपने से बाहर नहीं किया। साहित्य की अपनी मर्यादाएँ हैं जो गहरे तक मानवीय परिवार और संस्कार से जुड़ी हैं। ऐसे में तन्त्र के बल पर उससे ठोक–पीट करनी और सांस्कृतिक साम्राज्यवाद का सपना देखना विसंगतियों को ही उपजाना होगा। मुझे विश्वास है कि हम दोनों को इस पर सहमत होने में कोई आपत्ति न होगी।

वैद : हाँ, कृष्णा, लेकिन भारत–व्याकुलता से आक्रान्त लोग भारतीयता की संकीर्ण सांस्कृतिक परिभाषाएँ गढ़

रहे हैं और उन्हें सब पर थोपने की कोशिश कर रहे हैं। धर्म की किताबी परिभाषाओं से बात को उलझा दिया जाता है, आपत्तियों को टाल दिया जाता है। जनसाधारण में और व्यवहार में जो धर्म का अर्थ लिया जाता है उसे पहचानना चाहिए और उसका सामना करना चाहिए–और वहाँ धर्म का मतलब है मज़हब।

हमारी इस बातचीत को कुछ ऐसे लेखक भी पढ़ेंगे जो उस अवस्था में होंगे जिसमें हम आज से पचास साल पहले थे, जब हम ऐसी बातों को इस तरह शायद ही सोचते हों। अब हम एक क़िस्म का लेखा-जोखा कर या ले रहे हैं, अपना और अपने परिवेश का और अपनी पीढ़ी का भी। यह इस शताब्दी का आख़िरी वर्ष है, और मुझे यह बहुत अच्छा लग रहा है कि हम दो बहुत पुराने सहयोगी, बहुत पुराने समकालीन, बहुत पुराने दोस्त ऐसा कर पा रहे हैं।

सोबती : जी हाँ हम उम्र में बड़े होते हैं तो अन्तर में कुछ ऐसा घटित होता है जिसे पहले आप सरसरी सुनते रहे हैं। फिर एकाएक शब्दों के मुखड़े कुछ नया-सा ही तरंगित करने लगते हैं। कविताओं का पाठ करते आपने भी इसे ज़रूर महसूस किया होगा। आप तो पेंटिंग के भी पारखी हैं। इस मौसम में दीवार पर बरसों से लगी पेंटिंग सहसा आपको कुछ ऐसा कह जाती है जिसे उसके फ्रेम में आपने पहले न चीन्हा हो। चीन्हा हो तो उसे इस तरह महसूस न किया हो। लम्बे दशकों को

फलाँग लेने पर सयाने पतझरी मौसम में कुछ नया घटित होता है। अपने पर नज़र रखती हूँ–अन्तर्मन में सोच के भाषायी शेड भी बदलते हैं। आप अपने भीतर के एकान्त में नए शब्दों और भावों के स्वर सुनने लगते हैं। देश राग–मल्हार विहाग पहले भी सुनती रही हूँ पर अब कुछ नए भाव से। अगर गुनगुनाने या गाने लगें तो राग राग न रहकर जीवन का अनुराग बन जाता है। जीवन जिसे हम जी चुके हैं। सान्ध्यकाल में इसकी प्रतीति ही इसको एक साथ नया और पुराना करती है।

वैद : बात को अन्त की ओर मोड़ने के विचार से, कृष्णा, मैं यह कहना चाहता हूँ कि हम इस शताब्दी के अन्त को देख रहे हैं, और हम इस शताब्दी को क़रीब सत्तर बरसों से जी रहे हैं। अगर आपसे पूछा जाए कि देश और दुनिया के सन्दर्भ में आपने कौन-से महत्त्वपूर्ण बदलाव देखे तो आप क्या कहेंगी? ऐसे कुछ बदलावों की बात हम पहले भी कर चुके हैं।

सोबती : भारतीय नागरिक की हैसियत से राष्ट्रीय परिदृश्य पर नज़र डालें तो बहुत कुछ घटित हुआ है, बदला है।

हमारे देश की सबसे बड़ी घटना थी साम्राज्यवादी विदेशी नियन्त्रण से निकलना। उसके चंगुल से छुटकारा पाना। आज़ादी–सदियों-सदियों के बाद यह घटना घटी। स्वतन्त्रता की लम्बी लड़ाई के बाद देश स्वतन्त्र

हुआ। इसकी क़ीमत देश के विभाजन से चुकाई गई। लाखों-लाखों भारतवासी अपनी जड़ों से उखड़कर विस्थापित हुए। जो कभी एक विशाल देश था उसकी नई सरहदें बनी। 15 अगस्त, 1947 की रात संसद भवन से जवाहरलाल नेहरू के शब्द—आज़ादी का ऐलान करते हुए वह पवित्र शब्द—भारतीय जनमानस के लिए मन्त्र समान हैं। हमारे देश के सन्दर्भ में वे सदी के सबसे महत्त्वपूर्ण शब्द थे जिन्होंने भारत के हर नागरिक को नई संज्ञा, नई अस्मिता दी। दूसरी घटना थी अहिंसा के पुजारी महात्मा गांधी की हत्या। जो अहिंसा के प्रतीक थे उन्हें गोलियों से भून दिया गया।

के.बी. हम सभी—हमारी पीढ़ी के लेखक उस कालखंड के मात्र दर्शक नहीं रहे थे। स्वतन्त्रता प्राप्ति के बाद जो भी हलचलें थीं—योजनाएँ थीं आज़ाद देश का नया उभरता सांस्कृतिक आत्मविश्वास, लोकतन्त्र का संस्कार, विकास और गरिमा नए भारतीय समाज की ओर संकेत कर रहे थे। हम पुराने से नए की ओर बढ़ रहे थे। देश के नए नागरिक समाज को एकरूप लोकतान्त्रिक व्यवस्था देने के लिए संविधान का बनना तीसरी बड़ी घटना थी। संविधान के आरम्भिक शब्दों 'हम भारत के लोग' ने भारतीय प्रजाओं को पूरी शक्ति से लोकतान्त्रिक प्रणाली में परिभाषित कर दिया।

विश्व महायुद्ध के बाद लीग ऑफ नेशंस से उभरकर यू.एन.ओ. की स्थापना भी एक ऐसी घटना थी जिसने

विश्व भर के नागरिक समाज को प्रभावित किया। मानवीय इतिहास की एक और बड़ी वैज्ञानिक उपलब्धि थी–एटम, अणु। उसके बाद की तकनोलॉजी का अपार विस्तार–चाँद पर उतरना।

वैद : आपने जो कहा मैं उसे दोहराऊँगा नहीं! एक बात ज़रूर कहना चाहता हूँ कि इतिहास में जो कुछ हो चुका है, अगर हम उसका बदला उन लोगों से लेना चाहेंगे जो उस वक़्त मौजूद नहीं थे तो हम अपनी जहालत का प्रमाण तो देंगे ही, साथ ही जहालत के अन्तहीन सिलसिले की शुरुआत भी कर देंगे। इतिहास को भूलना तो नहीं चाहिए लेकिन यह भी नहीं भूलना चाहिए कि हम इतिहास में हो चुकी घटनाओं को बदल नहीं सकते। और उन घटनाओं के इन्तक़ाम के तौर पर आप जो कुछ भी करेंगे वह ग़लत होगा, ख़तरनाक होगा, नुक़सानदेह होगा, आपके लिए भी, दूसरों के लिए भी, देश के लिए भी। जो आपने कहा उसी का विस्तार करते हुए मैं यह कहना चाहता हूँ कि गांधीजी का उदय और उनकी भूमिका हमारे देश के सन्दर्भ में ही नहीं सारे विश्व के सन्दर्भ में महत्त्वपूर्ण थी। इसी तरह रूस की क्रान्ति का ज़िक्र भी हमें करना चाहिए। इसका प्रभाव भी सारे विश्व और सारी मानव ज़ाति पर बहुत गहरा रहा। एक नए समाज और संसार का महान स्वप्न उस क्रान्ति से जुड़ा हुआ था। इसीलिए सोवियत संघ का अन्त भी

हमारी शताब्दी की एक उल्लेखनीय और महान घटना है, जिसकी छानबीन अभी पूरी तरह से होना बाक़ी है। मेरी दृष्टि में यह घटना बहुत ही महत्त्वपूर्ण है, सबक़आमोज़ है, पुरमायनी है। हमने शताब्दी के विषय को छेड़ तो दिया लेकिन इस पर जमकर बात करने के लिए हमारे पास समय नहीं बचा। कई और बड़े बदलाव भी इस शताब्दी में हुए हैं–मिसाल के तौर पर विज्ञान और मनोविज्ञान के क्षेत्र में, टेक्नोलॉजी के क्षेत्र में, हमने तो अभी तक साम्राज्य के अन्त और सोवियत संघ के टूट जाने के बारे में ही बात की है। इन दोनों विषयों पर भी बहुत कुछ और कहा जा सकता है। क्रान्ति के स्वप्न के साथ भूख और अन्याय और शोषण के अन्त का स्वप्न जुड़ा हुआ था, जिसकी अब कोई बात ही नहीं करता। कहा जा रहा है कि विचारधारा का अन्त हो गया है, इतिहास का अन्त हो गया है, महान स्वप्नों और आख्यानों का अन्त हो गया है, 'ऑथर' का अन्त हो गया है। भूख और अन्याय के अन्त के स्वप्न के अन्त को मैंने अपने नाटक 'भूख आग है' में उठाने का प्रयास किया है। कृष्णा, इस शताब्दी की उपलब्धियों और विफलताओं का मूल्यांकन हम बाक़ी बचे समय में नहीं कर पाएँगे, मूल्यांकन तो एक तरफ़, उसकी गिनती करना भी संभव नहीं होगा।

सोबती : माफ़ कीजिएगा के.बी.–बेशक विचारधारा

का अन्त हुआ है लेकिन विकासशील देशों में भूख, ग़रीबी और शोषण का नहीं! अपने राष्ट्र की बात करें तो लोकतन्त्र होते हुए भी देश की बहुत बड़ी जनसंख्या ग़रीबी, भुखमरी के चंगुल से अभी भी निकल नहीं पाई। विचारधाराओं का वक़्त गुज़र गया लगता है। आज भूमंडलीय परिदृश्य को देखें तो विपरीत दिशा से शब्द एक-दूसरे को फलाँग रहे हैं। भाषा सिर्फ़ सम्प्रेषण का ही साधन नहीं–एक-दूसरे को आतंकित करने का भी हथियार है। शास्त्रीय और लोकप्रिय का फ़ासला कम हो रहा है। तीव्र प्रतिक्रिया में हम उसे अपसंस्कृतिवाद नाम से भी पुकारें तो भी यह तथ्य बदलनेवाला नहीं। भारत जैसे लोकतन्त्र में जन और लोक पर भूमंडलीय प्रभावों को हम मात्र शास्त्रीय दृष्टि और 'सांस्कृतिक दृष्टिकोण' से नहीं आँक सकते! हमें इन दोनों के बीच एक नया सामंजस्य बिठाना होगा। परम्परा के नाम पर सिर्फ़ 'भव्य प्राचीन' को टेरना निरर्थक सिद्ध होगा। उसी तरह अन्धा-धुन्ध नए का अनुसरण करना भी। भारतीय जनमानस रुचि के संकेतों को भी क्यों नकार दें। भारतीय संस्कार में नए को आत्मसात करने और पुराने को भी बनाए रखने की लचक आज भी अपनी जगह स्थित है।

बेशक के.बी. लगता है कि विचारधाराएँ चुक गई हैं लेकिन यह परिवर्तन भी परिवर्तन की ही अनिवार्य प्रक्रिया है। अब भूमंडलीकरण के चलते विश्वभर में तन्त्र और व्यवस्था मानव समाज को टेक्नोलॉजी के बल

पर एक से चौखटे में कस रही हैं। प्रतिक्रिया में पुरानी विचारधाराएँ रद्दो–बदल में नई शक्ल–सूरत में उभर रही हैं। आतंकवाद भी साम्राज्यवाद और उपनिवेशवाद की ही तरह एक हथियारी विचारधारा है। हड़ताल, असहयोग, विरोध–प्रतिरोध अब प्रतिशोध बन चुके हैं। पुरानी रणनीतियों को फलांग कर असहमति जताने की यह नई नीति हथियारों की राजनीति है। इसके पीछे पिछली विचारधाराओं से आगे बढ़ जाने का संकल्प है। निरंकुश व्यवस्था के प्रति बेइन्तहा गुस्सा और आक्रोश और लड़कर लेने की चुनौती का संकल्प है। यह नई पीढ़ियों के तन्त्र को बदल सकने की हिंसात्मक मुहिम है। यह कितनी घातक है, यह हम भलीभाँति जानते हैं। आतंकवाद गतिरोध और प्रतिरोध की ही नहीं–प्रतिशोध की विचारधारा है। नक्सलवाद के सन्दर्भ में देखें तो शिक्षित प्रबुद्ध असन्तुष्ट युवाओं का भी इस आन्दोलन में कम सहयोग नहीं था। हाँ, जिसका ज़िक्र आपने किया कि हमारे समय में कई बड़ी शक्तियाँ कमज़ोर हो चुकी हैं। अन्तरराष्ट्रीय बाज़ार की तूफ़ानी लहर ने सोवियत संघ के अलावा भी बहुत से देशों और विचारधाराओं को समेट लिया है। जैसे आपने कहा सोवियत संघ की क्रान्ति ने वैश्विक स्तर पर जनमानस को दूर तक प्रभावित किया। इंसान को उसके अस्तित्व की अस्मिता, जीवन की ज़रूरत और मानवता में बराबरी के पक्ष में खड़ा कर दिया। जिसका अवसान हम देख रहे हैं, उस

विचारधारा ने कभी इंसान में यकसांपन और बराबरी के लिए संघर्ष करने की ठानी थी। बहुत बड़ी क़ीमत पर बौद्धिक रूप से उसे परिभाषित और सम्प्रेषित किया और विश्व की बहुसंख्यक निर्धन जनता के साथ प्रबुद्धों ने भी उसे मानवता के पक्ष में स्वीकार किया। यह एक ऐसे समाज की कल्पना थी जो अभावों की जकड़न से बाहर निकलेगा। इसने न सिर्फ़ विचार और राजनीति को ही प्रभावित किया, साहित्य कलाओं द्वारा इंसान के वर्ग विभाजन में भी एक बड़ा बदलाव किया। हम मानें या न मानें, लोकतान्त्रिक राष्ट्र एक हद तक उसी विचारधारा और मनोवृत्ति के नज़दीक पड़ते हैं।

के.बी. एक सपने वह होते हैं जिन्हें इंसान अपनी आकांक्षाओं, महत्वाकांक्षाओं और बेहतर ज़िन्दगी के लिए लगातार अपने पास बनाए रखता रहा है।

वैद : गम्भीर बातें बहुत हो लीं। क्यों न इस संवाद का अन्त हम कुछ हल्की-फुल्की बातों से करें? मसलन यह कि हम कैसे काग़ज़ पर किस तरह लिखते हैं? मैं अब जे. एंड के. ब्रांड काग़ज़ का इस्तेमाल करता हूँ और उस पर पार्कर की क़ाली स्याही में क़लम डुबो-डुबोकर लिखता हूँ। शुरू-शुरू में कभी-कभी टाइप करवाया करता था, अब तो हाथ का लिखा हुआ ही प्रकाशक के हवाले कर देता हूँ। जब जे. एंड के. ब्रांड नहीं था तो फ़ुलस्केप बाँड पेपर पर लिखा करता था। काग़ज़ के

मुआमले में, जैसे कि पहले कह चुका हूँ, मैं फ़िज़ूलख़र्च हूँ, बहुत काग़ज़ बरबाद करता हूँ, फाड़-फाड़कर फेंकता रहता हूँ।

सोबती : मैंने 'चन्ना' को लेटरपैड्स पर लिखने के बाद 'सन-लिट' ब्रांड इस्तेमाल करना शुरू किया। अभी तक वही कर रही हूँ। अब ब्रांड बदलने का इरादा है। उसके दाम बढ़कर 120-30 तक जा चुके हैं। मैं भी लिखते हुए बहुत काग़ज़ ज़ाया करती हूँ। सो अब लिया जाएगा ज़रा कम दामवाला ब्रांड।

एक दिलचस्प बात। जब मैंने 'चन्ना' लिखना शुरू किया तो पिताजी ने राइटिंग-पैड्स पर लिखने का सुझाव दिया। वह बरसों मेरे लिए बढ़िया काग़ज़ के नीले राइटिंग पैड्स लाते रहे। 'डार से बिछुड़ी' 'निकष' में प्रकाशित हुआ तो पिताजी ने मुझे सन-लिट ब्रांड का रिम लाकर दिया जो अब तक मेरे साथ चलता रहा है।

पुरानी आदत को बदलना मुश्किल है। लाइन टेढ़ी है—काग़ज़ फाड़ दो। शब्द सही नहीं—नया पन्ना—वाक्य ठीक नहीं—काँट-छाँट तो नज़र नहीं आनी चाहिए—शुरुआत पाठ की कैसे ठीक होगी। लेखक के भी अपने ही नखरे।

मैं भी आपकी ही तरह हूँ। हाथ से लिखती हूँ। अब पुराने पार्कर-शैफ़र सब छोड़कर सिगनेचर-पैन इस्तेमाल करती हूँ। हाथ में सधा हुआ पार्कर लिख-लिखकर

क़लम जैसा हो गया है। निब मोटी हो चुकी है। आपने पार्कर इंक का नाम लिया। मैं मेज़ पर उसे मिस करती हूँ। क्विंक के बदलाव पर भी इसी तरह का अटपटा महसूस हुआ था। हाँ, एक बात साफ़-सुथरा करीने में रखा मेज़ जाने क्यों मेरी आँखों को नहीं भाता। तमाम ज़िन्दगी लेखक होने की ग़लतफ़हमी में गुज़ारकर भी मेज़ पर सलीक़ा नहीं।

काग़ज़ को लेकर मैं एक साथ सचेत और लापरवाह हूँ। अगर मेरे पास एक बंडल लिखने के काग़ज़ों का रखा है तो मैं दूसरा न लाऊँगी। हालाँकि हक़ीक़त यह भी कि मैं लापरवाही से पन्नों को फाड़ती भी जाऊँगी। शायद इसीलिए कि दिल में न लिखने का मलाल न हो। हाँ, इतना ज़रूर है कि मैं भी न लिख पाने या लिख सकने को निजी उपलब्धि के रूप में नहीं लेती। इस रचाव को जीने की तरह ही महसूस करती हूँ।

मेज़ पर बड़ी भूलें और कोताहियाँ अक्सर नहीं होतीं पर कभी-कभी आपको ऐसा धचका देती हैं कि रचनात्मक चौकसी पर संकट घिर आते हैं। 'दिलो-दानिश' के दौरान हुई एक ऐसी ही लापरवाही की दास्तान आपसे बाँटने जा रही हूँ।

उपन्यास की अन्तिम पंक्तियाँ बिना किसी परिश्रम और झंझट-झमेले के ख़ुद ब ख़ुद पाठ में गुँथ गई। 'श्याम दादा को कहानी बने बरसों-बरस गुज़र गए। कृपानारायण साहिब को लगा श्याम दादा उन्हें बुला रहे हैं।

"चले आओ कृपा चले आओ। आ जाओ। डरने की तो कोई बात ही नहीं। इस इलाक़े में कोई ख़लल और ख़राश नहीं। अमाँ यार थोड़ी देर का ही अँधेरा है। बाद में तो खुले आसमान पर ख़ूब जमेगी। बिरादरी के बहुतेरे यहाँ पड़े हैं–खूब जमेगी।"

के.बी. इतना लिखना था कि लगा उस उपन्यास से आज़ाद हो गए। अब छुट्टी ही छुट्टी। लिखते हुए कम तनाव नहीं होते–इससे तो आप भी सहमत होंगे। लिखे हुए पन्नों को इकट्ठा कर पेपरवेट रखा और सस्वर पढ़ने और अन्तिम चैक करने के लिए मेज़ पर छोड़ दिया।

पन्ने कई दिन मेज़ पर रखे रहे और मैं काम के ख़त्म हो जाने पर अपना दिल लगाने को मटर-गश्ती पर। इसकी ओर जब तब लौटने का कोई कारण नहीं था। सिर पर से बोझ उतरा। गहरे तक इत्मीनान।

हाँ, मैं कह रही थी, लगभग हफ़्ता गुज़र चुका था। एक रात सोए-सोए फ़्लैश में किसी वकील को देखा। किताबों की शैल्फ़ में एक लिफ़ाफ़ा रखते हुए–सोचने लगी कि चक्कर है तो क्या। सपने में वकील साहिब के हाथ में उस लिफ़ाफ़े का भी कुछ तो मतलब होगा। दुपहर तक इस डूबनेवाले तैराक को मतलब समझ में आ गया। वह कौन-सा वकील होगा जो बिना अपनी वसीयत लिखे हमेशा को ख़ामोश हो जाए। वकील भी कृपानारायण साहिब जैसा।

–क्राइसिस। उत्साह ऐसा सर्द हुआ जैसे सिर पर आफ़त आन पड़ी हो। अपनी शिकायत अपने से ही लम्बी चली।

तुम्हें तो मालूम है यार तुमने वसीयत को अनदेखा क्यों किया। उसे नहीं लिखा और श्याम दादा के संवाद पर उपन्यास का अन्त कर दिया। वसीयत तुम्हें लिखनी नहीं आती थी। यह भी तो झूठ नहीं।

नहीं।

अच्छी तरह मालूम था कि वसीयत न लिख सकने की वजह यही थी।

और एक दिन जाने कहाँ से 'लाल बही' दिख गई। कभी खरीदी थी भोपाल के चौक से।

इस बीच हफ़्ता भर और गुज़रा। एक रात मैं मेज़ पर पड़े उपन्यास से आँखें चुरा कुछ उलट-पुलट कर रही थी–कि किसी ने मेज़ की ओर धकियाया। ताजे काग़ज़ और हाथ में क़लम-पन्ने पर वसीयत शुरू हो गई–

"ज़िन्दगी शमये हयात है। मुक़र्रर वक़्त तक जलती है और जा मिलती है उसमें जो ख़ुर्द से ख़ुर्द और बारीक़ से बारीक़..."

वैद : कृष्णा, अगर इजाज़त हो तो एक और बात उठाऊँ? सुबह से बात मेरे मन में घूम रही है। अन्त या मृत्यु की चेतना, मैं समझता हूँ, उम्र के साथ अनिवार्य

है। चिन्ता नहीं, चेतना। चिन्ता की ज़रूरत नहीं, चेतना की है। और इस चेतना से एक ख़ास क़िस्म की सजगता का भी अनुभव होता है। रात को सोने से पहले अक्सर यह ख़याल आता है कि शायद यह रात आख़िरी हो। कभी-कभी इस ख़याल के भीतर यह कामना भी छिपी रहती है कि यह रात आख़िरी हो।

सोबती : मैं दिल-दिमाग़ को हल्का रखने में विश्वास करती हूँ। अपने अन्दर चिन्ता-फ़िकर की भीड़ इकट्ठा नहीं करती। कुछ ज़्यादा ही भारी पड़े तो फेंक बाहर कर देती हूँ। अपने सयाने होने पर नज़र रखें तो हम धीरे-धीरे जाने-अनजाने भावी अन्त की ओर सरकते हैं, वह भी कम दिलचस्प नहीं।

एक रात मेज़ पर बैठी और छोटा-सा टुकड़ा लिखकर उखड़ गई। लगा थकन है। आराम चाहिए। चाय कि गर्म दूध, बरामदे से बाहर झाँका तो लगा अँधेरे में जगमगाती बत्तियों का नज़ारा कहीं ओझल हो जाने को है। दुबारा मेज़ की ओर बढ़ने के सब इरादे हवा हो गए और मैं बिस्तर में। यह होगा वह होगा कि क्या होगा—इन सबको भूल जाओ। हाँ, उस रात आँखों के सामने लम्बा चलता रहा एक सपना जोश ख़रोशवाला और भयभीत क़रनेवाला भी। मैं घोड़े पर सवार हूँ और निर्जन पहाड़ों को माप रही हूँ। घोड़ा सरपट भाग रहा है, मैं लगाम थामे हुए हूँ। घोड़े की टाप सुन रही हूँ। जानती हूँ अब

जीवित नहीं हूँ और साथ बुचकी उठाए हुए हूँ। किधर जा रही हूँ–कुछ मालूम नहीं। सामने ऊँचे बर्फ़ीले शिखर हैं और नीला आसमान है।

सुबह सही-सलामत आँखें खोलीं–चाय का प्याला उठाया और अपने को सराहा, शाबाश ऐसा सपना देखने के लिए। अगर घोड़े से गिर जाती तो आज दिन में नीचे लगी होती।
ख़ैर शुक्र ख़ुदा का कि ख़्वाब में भी घोड़े को सँभाले रही और घोड़ा मुझे। वरना-वरना तो चुप। ख़ामोश।
कभी-कभी दिल-दिमाग़ से इस बात को लेकर कुछ बेचैनी हुई तो अधूरी इबारत पर ही क़लम उखड़ गई। कल। कल ही सही। रात अधनींद में करवट ली तो ख़याल आया–जो भी हो अब अधूरे वाक्य छोड़ना ठीक नहीं। वाक्य? जो ड्राफ़्ट अधूरे पड़े हैं–उनका क्या होगा? जो भी हो वह अपनी सिरदर्दी नहीं। पड़े रहेंगे या फट जाएँगे।
अब हम क्यों न लिखने के अपने-अपने ढंग पर फिर कुछ रोशनी डालें और अपने को आश्वस्त करें!

वैद : कृष्णा, अपने काम और अपने काम करने के तरीक़े या तरीक़ों के बारे में बात करने में मुझे बहुत संकोच होता है। कभी-कभी तो लगता है जैसे जो कुछ भी लिखा है अँधेरे में ही लिखा है। मेरे उपन्यासों की यह सीमा और शायद विशेषता रही है कि वे सब

कमोबेश मेरे अनुभव, मेरे मुशाहिदे, मेरी स्मृतियों और मेरे स्वप्नों और दुःस्वप्नों पर आधारित हैं। उनके लिए कच्चा माल मुझे वहीं से मिला है, उसके लिए मुझे कहीं और जाकर शोध नहीं करना पड़ा। मैं वैसा उपन्यास लिख ही नहीं सकता जिसके लिए मुझे शोध करना पड़े। यह बात शायद इस गुफ़्तगू के दौरान पहले भी कह चुका हूँ, ख़ासतौर पर *गुज़रा हुआ ज़माना* के सम्बन्ध में यह बताते हुए कि क्यों मैंने उसे उस कस्बे तक ही सीमित रखा जिसमें उसका नायक बीरू रहता है। जब मैं बीरू को थोड़ी देर के लिए लाहौर ले गया तब भी लाहौर बीरू के लाहौर तक ही सीमित रहा। मैं यह नहीं कह रहा कि मेरे उपन्यास बाहर के जीवन से कटे हुए हैं या उन पर उस जीवन का कोई प्रभाव नहीं पड़ता। मेरे मुशाहिदे में बाहर का जीवन भी शामिल है, उसी तरह जैसे मेरे अनुभव में बहुत कुछ ऐसा शामिल है जिसे मैंने ख़ुद जिया या भोगा भले ही न हो लेकिन जिसे मैंने अपनी कल्पना की मदद से आत्मसात कर लिया है। मेरा ज़ोर इस वक़्त अपनी एक सीमा पर है—मैं वैसा कोई विषय नहीं उठा सकता जिसके लिए मुझे तथ्य सँजोने पड़ें, शोध करने पड़ें। और यह सीमा मेरे उपन्यासों की भी है। इसी को मैं कभी-कभी उनकी विशेषता कह लेता हूँ।

इस बात को ध्यान में रखते हुए मैं यह कह सकता हूँ कि कोई भी उपन्यास शुरू करने से पहले मैं काफ़ी देर तक उस मानसिक कैफ़ियत की प्रतीक्षा में रहता हूँ

जिसके लिए जुनून या ख़ब्त या अंग्रेज़ी में ऑब्सेशन का शब्द इस्तेमाल किया जा सकता है—मेरे चहेते उपन्यास इसी मानसिक कैफ़ियत की देन हैं। इनमें *उसका बचपन, बिमल उर्फ़ जाएँ तो जाएँ कहाँ, दूसरा न कोई, दर्द ला दवा, काला कोलाज,* और *मायालोक* के नाम मैं ख़ासतौर पर लेना चाहूँगा। बाक़ी के उपन्यासों *(नसरीन, गुज़रा हुआ ज़माना, नर नारी)* के भी सशक्त अंश मेरी दृष्टि में वही हैं जिन पर वह मानसिक कैफ़ियत हावी है। तो उस कैफ़ियत तक पहुँचने के लिए मैं कई ग़लत प्रयास करता हूँ, कई प्रारूप बना-बनाकर फाड़ता रहता हूँ, कई बार रुकता हूँ, और कई बार टूटता हूँ। एक ही ड्राफ़्ट में मैंने कोई उपन्यास लिखा है, न कोई कहानी। मेरे ड्राफ़्ट भी एक बिन्दु से शुरू होकर एक बिन्दु पर ख़त्म नहीं होते। प्लॉट प्रधान उपन्यास मैं लिख ही नहीं सकता, लिख ही नहीं सका। हाँ, उपन्यास शुरू करने से पहले कोई न कोई शीर्षक मेरे पास होना चाहिए, बाद में मैं भले ही उसे बदल दूँ। उपन्यास शुरू करने में मुझे जैसी दिक़्क़त होती है वैसी ख़त्म करने में नहीं होती। उपन्यास पर काम के दौरान एकान्त और मौन और निरन्तरता मेरे लिए बहुत ज़रूरी है। और कोरे क़ागज़ भी। कुछ टुकड़े आसानी से लिख लिये जाते हैं, बहुत से काफ़ी मुश्किल से और रुक-रुककर। उनके लिए अपने अँधेरे में उतरना पड़ता है और वह काम कभी भी आसानी से नहीं हो पाता।

सोबती : मुझे कहने दीजिए कि किसी भी कृति में जहाँ आप किसी जनसमूह या समाज और समय को उठाते हैं, केवल उसकी तिथियों और तथ्यों भर में नहीं उस कालखंड में झाँकने के लिए महत्त्वपूर्ण घटित हो चुके को सही कर लेना ज़रूरी होता है। आपकी कल्पना कितनी ही घनी क्यों न हो, तथ्यों और तारीख़ों के पार जाने की क्षमता भी रखती हो। जी हाँ, इतना कह लेने पर भी यह दर्ज तो करना ही चाहूँगी कि यह अपनी सीमाओं को ध्यान में रखकर भी शायद करना ज़रूरी हो।

यह जोखिम हर लेखक के अनुभव का हिस्सा बना ही रहता है। कभी काम करते उखड़ने की स्थिति आती है तो बहुत महँगी पड़ती है। मेज़ से दूर होते ही उभर आती है तुनकमिजाजी। जमकर अपना रंग जमाती है।

आपसे बाँटना चाहती हूँ यह कि जब मेज़ पर कुछ हो रहा होता है तो बहुत-सी जानकारियाँ अपने बाहर रखती हूँ और ग़लत या समझिए सही क़िस्म के लोगों से

किनारा किए रहती हूँ। जो आपके ही अनुशासन के लोग हों–उनकी ओर से धंधई सलाह-मशविरा ऐसे समय में ख़तरनाक हो सकता है। सिर्फ़ इसलिए कि अनजाने में ही कोई एक संकेत, एक फ़िक़रा रचना से आपकी दूरी और निकटता दोनों को भंग कर सकता है। लिखने के दरमियान लेखक एक 'वक़्त' विशेष के ताने-बाने को अवचेतन से चेतना में सहेजता है–बेशुमार तत्त्वों और तन्तुओं को थामे रहता है। एक बेमतलब नैगेटिव जिज्ञासा या आहट उसे उलझा सकती है। उसके सन्तुलन को गड़बड़ा सकती है। उसके पाठ को उलझा सकती है। इसीलिए इसको लेकर इतनी ख़बरदारी।

वैद : *ऐ लड़की* को ही अगर लें तो उसकी काया का फैलाव अधिक नहीं लेकिन उसका भावनात्मक और रूहानी फैलाव कितना बड़ा है–कितनी बड़ी ज़िन्दगी है उसके पीछे। *ज़िन्दगीनामा* की बात और है, उसमें हर प्रकार का पैनापन है जो नाना प्रकार के पात्रों और उनकी परिस्थितियों में रूपायित होता है। मेरे उपन्यासों में इस तरह का पैनापन नहीं क्योंकि यह मेरे बस का नहीं। उपन्यासकार के लिए यह बहुत ज़रूरी है कि वह अपने मिज़ाज को समझे, अपनी सीमाओं को समझे और फिर कभी-कभी उनका अतिक्रमण करने का प्रयास भी करे, अपनी कल्पना की उड़ान को ध्यान में रखे, अपनी दृष्टि बनाए, अपना दृष्टिकोण सँवारे, और उन रास्तों पर न

चले जो उसकी चाल को ही बेचाल कर दें। एक बार फिर अब तक के कहे में यह जोड़ना चाहूँगा कि मेरा मुशाहिदा और मेरा अनुभव मेरे जुनून (आब्सेशन) और मेरी कल्पना की तपिश में तपकर ही मेरे उपन्यासों का रूप लेता है और यह प्रक्रिया अँधेरे में उतरने पर अँधेरे में ही सम्पन्न होती है, इसलिए इसे अब जो अभिव्यक्ति मैं दे रहा हूँ वह ज़रूरी नहीं कि सही ही हो।

हाँ, मैं कोई उपन्यास पूरा कर लेने के फ़ौरन बाद उसको पूरा नहीं पढ़ पाता। मेरा मतलब है कि अन्तिम प्रारूप हो जाने के बाद। प्रकाशित हो जाने के बाद कभी-कभी बीच-बीच में कुछ सतरें पढ़ लेता हूँ, अगर अच्छी लगें तो ख़ुश हो जाता हूँ।

सोबती : लिखने-पढ़ने के ज़िक्र पर मुझे वह रात याद आ रही है जब मैंने *ज़िन्दगीनामा* उपन्यास को ख़त्म किया था। तीन-साढ़े तीन का वक़्त होगा। मम्मी ने कमरे में झाँका और जल्दी ही चाय की ट्रे ले आईं!
मेरे चेहरे पर ज़रूर कुछ चमक देखी होगी कि चाय का प्याला आगे करते हुए कहा—कुछ बेफ़िक्र लग रही हो—जी। उपन्यास ख़त्म हुआ—बस अब छुट्टी।
यह न सोचना कि यह काम तुम्हारे करने से हुआ है। इसमें रब्बी ताक़त काम आती है!

अगली शाम मुझे वही करना था जो हर लेखक करता है। ख़ुद अपना सम्पादक बन जाता है। इसके पहले कि

लिखे हुए पर काट-छाँट की जाए मैं पूरे पाठ को सस्वर पढ़ती हूँ। मुश्किल होता है पर करती हूँ। लिखित पाठ के दोष दूर करने का एक तरीक़ा यह भी है। पढ़ते हुए जब वाक्य या वाक्यांश का झोल तरेरने लगता है तो उसे निकाल दिया जाता है। कोई दोहराव हो तो वह भी। 'ज़िन्दगीनामा' को इसलिए भी सचेत हो पढ़ना ज़रूरी था क्योंकि उपन्यास में सैकड़ों पात्र थे–लोग ही लोग थे। बेशुमार रंग और उतने ही ढंग। पढ़कर जो परेशानी हुई वह उसके शुरुआती भाग के कारण ही। बाक़ी सबकुछ ठीक-ठाक लग रहा था लेकिन कहीं कुछ ऐसा था जो छूट गया लगता था।

उपन्यास के आरम्भिक पन्नों में पाठ के उभार में सघनता की कमी अखरी। कई दिन इन्तज़ार में गुज़रे। कोई संकेत मिले, कि एक रात दिमाग़ में एक वाक्य कौंधा–हर पुत्र अपने पिता का अवतार है। मैं चौकस हो गई और–बस–क़लम चल निकली। बच्चे आँगन में गाँव के वड्डे लाला से आख्यान सुनने लगे–"हर पुत्र अपने पिता का अवतार है। याद रखो अवतार वह जिसके दो हाथ हैं। अवतार वह जिसके दो पाँव हैं। अवतार वह जिसका मुँह माथा है। धड़ है। आगा पीछा है। मेरे बच्चो, अवतार वह जो धरती को हल से जोतकर पानी से सींचता है। उसे तृप्त करता है। बीज बोता है। फसलें उगाता है।"

के.बी., *ज़िन्दगीनामा* में यह प्रसंग न होता तो यक़ीनन

पाठ की हानि होती। यह टुकड़ा खेतिहर संस्कृति का प्रतीक है।

मैं बहुत-सा कार्य-व्यवहार सतह पर ही निपटा लेती हूँ। इसी तरह बाहर के बहुत कुछ को अपने आन्तरिक में हस्तक्षेप करने नहीं देती। जो मैं नहीं कर सकी उसे लेकर मैं अपने को उदास-निराश होने की इजाज़त नहीं देती। इसलिए कि जो कुछ भी अपने को लेकर घटित होता रहा उसके और अपनी धीमी चाल के चलते जितना भर कर लिया, वह भी बुरा नहीं। बहुत कुछ कर गुज़रने की हसरतें ज़रा कम सी ही रहीं। इसका फ़ायदा हुआ लेखन में। जब तक कुछ ख़ास ही कहने के लिए न हो—क़लम न उठाने की कसम ही समझिए।

वैद : तो इसी बिन्दु पर हम इस गुफ़्तगू को बन्द करते हैं। अगर मौक़ा लगा तो अगली गुफ़्तगू तक।

सोबती : शुक्रिया के.बी. आप और चम्पा यहाँ आ सके इसके लिए आभारी हूँ। कृतज्ञ हूँ इस लम्बे संवाद के लिए भी जो दिल्ली में तो कभी मुमकिन न होता।

●●●